nuovo PROGETTO ITALIANO

T. Marin
S. Magnelli

Corso multimediale di lingua e civiltà italiana

B1
QUADRO EUROPEO DI RIFERIMENTO

Libro dello studente & Quaderno degli esercizi

EDILINGUA
www.edilingua.it

T. Marin dopo una laurea in Italianistica ha conseguito il Master Itals (Didattica dell'italiano) presso l'Università Ca' Foscari di Venezia e ha maturato la sua esperienza didattica insegnando presso varie scuole d'italiano. È direttore di Edilingua e autore di diversi testi per l'insegnamento della lingua italiana: *Nuovo Progetto italiano 1*, *2* e *3* (Libro dello studente), *Progetto italiano Junior* (Libro di classe), *La Prova orale 1* e *2*, *Primo Ascolto*, *Ascolto Medio*, *Ascolto Avanzato*, *l'Intermedio in tasca*, *Ascolto Autentico*, *Vocabolario Visuale* e *Vocabolario Visuale - Quaderno degli esercizi*. e coautore di *Nuovo Progetto italiano Video*. Ha tenuto numerosi seminari e formato docenti in oltre 30 paesi.

S. Magnelli insegna Lingua e Letteratura italiana presso il Dipartimento di Italianistica dell'Università Aristotele di Salonicco. Dal 1979 si occupa dell'insegnamento dell'italiano come LS; ha collaborato con l'Istituto Italiano di Cultura di Salonicco, nei cui corsi ha insegnato fino al 1986. Da allora è responsabile della progettazione didattica di Istituti linguistici operanti nel campo dell'italiano LS. È autore dei Quaderni degli esercizi di *Progetto italiano 1* e *2*.

Gli autori e l'editore sentono il bisogno di ringraziare i tanti colleghi che, con le loro preziose osservazioni, hanno contribuito al miglioramento di questa nuova edizione.
Un sincero ringraziamento, inoltre, va agli amici insegnanti che, visionando e provando il materiale in classe, ne hanno indicato la forma definitiva.
Infine, un pensiero particolare va ai redattori e ai grafici della casa editrice, senza i quali la realizzazione di questo libro non sarebbe stata possibile.

a mia figlia per tutto quello che, inconsapevolmente, mi dà
T. M.

Sede legale
Via Paolo Emilio, 28 00192 Roma
info@edilingua.it
www.edilingua.it

Deposito e Centro di distribuzione
Via Moroianni, 65 12133 Atene
Tel. +30 210 57.33.900
Fax +30 210 57.58.903

I edizione: luglio 2010
ISBN: 978-960-693-057-7
Redazione: A. Bidetti, L. Piccolo, M. Dominici
Ha collaborato: M. G. Tommasini
Foto: M. Diaco, T. Marin
Impaginazione e progetto grafico: Edilingua
Illustrazioni: L. Sabbatini, M. Valenti
Registrazioni: *Networks* srl, Milano

Gli autori apprezzerebbero, da parte dei colleghi, eventuali suggerimenti, segnalazioni e commenti sull'opera (da inviare a redazione@edilingua.it)

Premessa

Incoraggiati dall'ottima accoglienza riservata all'edizione di *Nuovo Progetto italiano 1*, vi proponiamo *Nuovo Progetto italiano 2*, un libro più aggiornato e completo, frutto di una ponderata e accurata revisione, resa possibile grazie al prezioso feedback di tanti colleghi e colleghe che hanno usato il libro. In questa Nuova edizione si sono tenute presenti le esigenze nate dalle teorie più recenti e dalla realtà che il Quadro Comune Europeo di Riferimento per le Lingue e le certificazioni d'italiano hanno portato. Questo facendo tesoro di tutto ciò che gli approcci e i metodi precedenti hanno dato all'insegnamento delle lingue.
La lingua moderna, le situazioni comunicative arricchite di spontaneità e naturalezza, il sistematico lavoro sulle quattro abilità, la presentazione della realtà italiana attraverso testi mirati sulla cultura e la civiltà del nostro Belpaese, articoli tratti dai maggiori quotidiani e periodici italiani, il maggior utilizzo di materiale autentico, l'impaginazione moderna e accattivante fanno di *Nuovo Progetto italiano 2* uno strumento didattico equilibrato, efficiente e semplice nell'uso. Un manuale alleggerito nelle prime unità per rendere il passaggio dal livello elementare a quello intermedio più naturale, grazie anche ad attività di reimpiego che riprendono alcuni punti trattati in *Nuovo Progetto italiano 1.*
Noterete che l'intero *Libro dello studente* è un costante alternarsi di elementi comunicativi e grammaticali, allo scopo di rinnovare continuamente l'interesse della classe e il ritmo della lezione, attraverso attività brevi e motivanti. Riguardo alle attività e agli esercizi, si è scelto di privilegiare soprattutto le tipologie più usate nelle certificazioni per i livelli B1-B2 del Quadro Comune Europeo. Si è cercato, allo stesso tempo, di semplificare e "smitizzare" la grammatica, lasciando che sia l'allievo a scoprirla, per poi metterla in pratica nelle varie attività comunicative. Attività che lo mettono ancora di più al centro della lezione, protagonista di un "film" di cui noi insegnanti siamo registi. Ecco, *Nuovo Progetto italiano 2* potrebbe esser visto come il copione su cui basare il vostro "film"...

La Nuova edizione
Nuovo Progetto italiano 2 è ancora più moderno dal punto di vista metodologico, più comunicativo e più induttivo: l'allievo è costantemente sollecitato a scoprire i nuovi elementi, grammaticali e non. Ogni unità è stata suddivisa in sezioni per facilitare l'organizzazione della lezione. Altri cambiamenti hanno riguardato i contenuti grammaticali: alcune forme, selezionate in base a un'accurata ricerca, sono state spostate in Appendice. Un'altra importante novità è data dalle pagine di cui si è arricchita ciascuna unità del *Libro dello studente*: una pagina iniziale di attività preliminari (*Per cominciare...*) e una pagina finale con brevi esercitazioni (*Autovalutazione*). Inoltre, sono presenti dei brani audio autentici e più attività di comprensione orale mentre i dialoghi, registrati da attori professionisti, sono più naturali, spontanei e meno lunghi. Un'altra novità sono le interviste autentiche incentrate su alcuni argomenti delle unità. C'è una maggiore coerenza tra il lessico del *Libro dello studente* e quello contenuto nel *Quaderno degli esercizi* che presenta attività meno lunghe, più varie e nuovi test finali. Le illustrazioni sono state rinnovate con foto nuove, più naturali e con simpatici disegni; allo stesso tempo una grafica più moderna, ma più chiara, facilita la consultazione.

La struttura delle unità (per maggiori suggerimenti si veda la *Guida per l'insegnante*)

- La pagina introduttiva di ogni unità (*Per cominciare...*) ha lo scopo di creare negli studenti l'indispensabile motivazione iniziale grazie a varie tecniche di riflessione e coinvolgimento emotivo, di preascolto e ascolto.
- Nella prima sezione dell'unità, l'allievo legge e/o ascolta il brano registrato e verifica le ipotesi formulate e le risposte date nelle attività precedenti. Questo tentativo di capire il contesto porta ad un'inconscia comprensione globale degli elementi nuovi. Alcuni dialoghi introduttivi sono presentati in maniera più motivante, attraverso il ricorso a differenti tipologie, in modo da rendere più partecipe lo studente durante l'ascolto.
- Il dialogo introduttivo è spesso seguito da un'attività, che analizza le espressioni comunicative (modi di dire, espressioni idiomatiche), nella quale si invita lo studente a scoprirle in maniera induttiva e senza estrapolarle dal loro contesto.
- In seguito, lo studente prova a inserire le parole date (verbi, pronomi, preposizioni ecc.) in un dialogo simile, ma non identico, a quello introduttivo. Lavora, quindi, sul significato (condizione necessaria, secondo le teorie di Krashen, per arrivare alla vera acquisizione) e inconsciamente scopre le strutture. Un breve riassunto, da svolgere preferibilmente a casa, rappresenta la fase finale di questa riflessione sul testo.

- A questo punto l'allievo, da solo o in coppia, comincia a riflettere sul nuovo fenomeno grammaticale cercando di rispondere a semplici domande e completando la tabella riassuntiva con le forme mancanti. Subito dopo, prova ad applicare le regole appena incontrate esercitandosi su semplici attività orali. Un piccolo rimando indica gli esercizi da svolgere per iscritto sul *Quaderno degli esercizi*, in una seconda fase e preferibilmente a casa.
- Le funzioni comunicative e il lessico sono presentati con gradualità, ma in maniera tale da far percepire allo studente un costante arricchimento espressivo delle proprie capacità di produzione orale. Gli elementi comunicativi vengono presentati attraverso brevi dialoghi o attività induttive e poi sintetizzate in tabelle facilmente consultabili. I *role-plays* che seguono possono essere svolti sia da una coppia davanti al resto della classe oppure da più coppie contemporaneamente. In entrambi i casi l'obiettivo è l'uso dei nuovi elementi e un'espressione spontanea che porterà all'autonomia linguistica desiderata. Ogni intervento da parte dell'insegnante, quindi, dovrebbe mirare ad animare il dialogo e non all'accuratezza linguistica. Su quest'ultima si potrebbe intervenire in una seconda fase e in modo indiretto e impersonale.
- I testi di *Conosciamo l'Italia* possono essere utilizzati anche come brevi prove per la comprensione scritta, per introdurre nuovo vocabolario e, naturalmente, per presentare vari aspetti della realtà italiana moderna. Si possono assegnare anche come attività da svolgere a casa.
- L'unità si chiude con la pagina dell'*Autovalutazione* che comprende brevi attività soprattutto sugli elementi comunicativi e lessicali dell'unità stessa, così come di quella precedente. Gli allievi hanno a disposizione le chiavi, ma non sulla stessa pagina, e dovrebbero essere incoraggiati a svolgere queste attività non come il solito test, ma come una revisione autonoma.

Il volume 2a

La presente edizione (*Nuovo Progetto italiano 2a*) copre il livello B1 del Quadro Comune Europeo di Riferimento per le Lingue ed offre, in un unico volume, le prime 5 unità del Libro dello studente e del Quaderno degli esercizi dell'edizione standard, le rispettive **Attività video**, motivanti esercitazioni su *Nuovo Progetto italiano Video 2*, e un gioco didattico, tipo gioco dell'oca.

Il CD-ROM

Nuovo Progetto italiano è probabilmente l'unico manuale d'italiano che comprende un CD-ROM interattivo senza costi aggiuntivi! Questo innovativo supporto multimediale completa e arricchisce il materiale cartaceo, offrendo tante ore di pratica supplementare. Inoltre, grazie all'alto grado di interattività, l'allievo diventa più attivo, motivato e autonomo. Con la nuova funzione "rec", presente nella versione 2.0 (compatibile sia con Windows che con Macintosh), lo studente ha la possibilità di registrare e ascoltare la propria voce e quindi la possibilità di migliorare la propria pronuncia e intonazione.

I materiali extra

Nuovo Progetto italiano 2 è completato da una serie di materiali, molti dei quali (Guida per l'insegnante, che offre idee e suggerimenti pratici e prezioso materiale da fotocopiare, Test di progresso, Glossari online, Attività extra e ludiche, Attività online) gratuitamente scaricabili dal sito di Edilingua.

Buon lavoro!
Gli autori

Legenda dei simboli

Role-play

Attività in coppia	Situazione comunicativa	Produzione orale libera	Produzione scritta

12 — Ascoltate la traccia n. 12 del CD audio o del CD-ROM

10 — Nel *Quaderno degli esercizi* fate l'esercizio 10

Attività online — Andate a www.edilingua.it/progetto e fate le attività online

Prima di... cominciare

1 Comprensione e comunicazione

a. Ascoltate una prima volta e prendete appunti. Ascoltate di nuovo e abbinate le frasi alle funzioni comunicative.

1 a. chiedere un parere	e. esprimere rammarico
b. esprimere un desiderio	f. esprimere accordo
c. chiedere un favore	g. chiedere informazioni
d. rifiutare la collaborazione	h. invitare

b. Scrivete una vostra frase con le espressioni che ricordate.

....

....

2 Grammatica. Completate le frasi con i verbi al tempo e modo opportuni.

1. Se non riuscite a svolgere correttamente l'esercizio, *(fare)* .... bene a ripassare la lezione di ieri.
2. I miei genitori *(conoscersi)* .... al matrimonio del cugino di mia madre.
3. Sabato scorso, all'inaugurazione della mostra su Leonardo *(esserci)* .... tantissima gente.
4. Per favore Paolo, *(darmi)* .... una mano a spostare questo divano!
5. Scusami, *(esprimersi)* .... male, non volevo offenderti.
6. Quando sono arrivato alla fermata, l'autobus *(partire)* .... da poco.
7. Martina e Alessandro ***(rimanere)*** .... a casa, preferiscono guardare il Festival di Sanremo!
8. Se passo l'esame, ***(essere)*** .... il primo a saperlo: mi hai aiutato così tanto!

3 Produzione orale

Lavorate in coppia. Fatevi delle domande e raccontatevi a vicenda come e dove avete trascorso le ultime vacanze. In seguito, ognuno di voi può riferire brevemente alla classe ciò che ha fatto il compagno.

4 Comunicazione. Cosa direste nelle seguenti situazioni? Rispondete oralmente.

1. Hai invitato un amico a casa. Spiegagli come può arrivare a casa tua.

2. Chiedi a un amico i suoi progetti per le prossime vacanze estive.

3. Sei al supermercato. Cosa dici per comprare il formaggio parmigiano?

4. Sei in un ristorante italiano. Cosa ordini?

5 Produzione scritta

Scrivete un'e-mail al vostro nuovo insegnante per raccontare in breve *(50-60 parole)* il precedente anno/livello/corso di italiano, cioè prima di cominciare a usare questo libro. Che cosa vi è piaciuto di più e cosa di meno, cosa avete trovato più difficile, com'erano i compagni e così via.

6 Lessico

a. In coppia completate con le parole richieste e confrontate le risposte con i compagni di classe.

2 generi cinematografici: ...., ...

2 feste: ...., ...

3 stanze di una casa: ...., ..., ...

1 stagione e *2* mesi: ...., ..., ...

b. Abbinate le parole alle immagini corrispondenti.

1. pentola a pressione   2. formaggio   3. pantaloni   4. divano   5. penne

6. farfalle   7. camicia   8. caffè   9. latte   10. vestito

7 Grammatica. Completate il testo con i pronomi e le preposizioni.

Sabato pomeriggio sono andata ....(1) centro commerciale con i miei fratellini, Viola e Renato. Non è stata una buona idea, però. Viola ....(2) un certo punto doveva andare in bagno, così ho chiesto a Renato di aspettarci e ....(3) ho accompagnata. Quando siamo tornate, Renato stava piangendo perché un altro bambino ....(4) aveva preso il cappello. La madre, per convincere il figlio a restituirlo a mio fratello, ...(5) ha detto: "Adesso basta, rida..........................(6) il cappello, per te ne compriamo un altro". ....(7) quel punto Renato mi ha detto: "Anch'io voglio un cappello nuovo!". E, ovviamente, si è fatta sentire anche Viola: "..........................(8) voglio anch'io!". Io ho risposto: "Non ....(9) compro niente!". Loro hanno cominciato ....(10) piangere e io per non sentirli ....(11) ho dovuti accontentare. Mia madre non ....(12) ha neanche restituito i soldi, dice che la colpa è mia anche perché avevo insistito tanto per portarli con me! Beh... in fondo ha ragione!

8 Comunicazione. Cosa direste in queste situazioni? Rispondete per iscritto e/o oralmente.

1. Sei con un amico a Firenze e volete fare una foto insieme. Chiedi aiuto a un passante.

....
....
....

2. Sei in un negozio di abbigliamento. Cosa dici per comprare una maglietta?

....
....
....

3. Sei alla stazione. Vuoi andare da Roma a Milano e ritornare. Cosa dici all'impiegata della biglietteria?

....
....
....

4. Entri in un bar. Vuoi prendere un caffè. Che cosa chiedi al barista?

....
....
....

Verificate le vostre risposte a pagina 154 e... benvenuti in *Nuovo Progetto italiano 2*!

Esami... niente stress!

Per cominciare...

1 **Osservate le immagini e scambiatevi idee: quali di queste materie ritenete più interessanti e quali più difficili?**

2 **Ascoltate una prima volta il dialogo: di quale o di quali materie si parla?**

3 **Ascoltate di nuovo e indicate le affermazioni veramente presenti.**

1. ma chi grida così?
2. ti volevo chiedere
3. ti servono i miei appunti?
4. te li darei volentieri
5. adesso come faccio?
6. magari te li può prestare lei
7. avevo appena cominciato a sfogliarli
8. sei un tipo romantico
9. me li potresti prestare?
10. non ho tempo di fotocopiarle

In questa unità...

1. *...impariamo a scusarci e a rispondere alle scuse, a esprimere sorpresa e incredulità, a rassicurare qualcuno, a complimentarci con qualcuno, a esprimere dispiacere;*
2. *...conosciamo i pronomi combinati e gli interrogativi;*
3. *...troviamo informazioni sulla scuola e sull'università in Italia.*

A Mi servono i tuoi appunti!

1 Leggete e ascoltate i due dialoghi. Confermate le vostre risposte all'attività precedente.

Lorenzo: Claudio, Claudio!
Claudio: Oh, che c'è? Perché gridi così?
Lorenzo: Finalmente ti trovo. Senti... ti volevo chiedere... tu l'esame di letteratura l'hai superato, vero?
Claudio: Sì, ho preso 30.
Lorenzo: Caspita! Bravo! Allora, mi servono assolutamente i tuoi appunti!
Claudio: Non ci credo, anche tu! Guarda, te li avrei dati volentieri, solo che arrivi un po' tardi! Mi ha chiamato ieri Valeria per chiedermi la stessa cosa, i miei appunti. Glieli ho dati proprio stamattina!
Lorenzo: Accidenti! E adesso come faccio?
Claudio: Scusami, me lo potevi dire prima, no? Perché non la chiami? Magari te li può prestare lei.
Lorenzo: Dici? Ok... credo di avere il suo numero. Comunque, grazie lo stesso.

...lo stesso pomeriggio...

Valeria: Pronto!
Lorenzo: Ciao, Valeria, sono Lorenzo.
Valeria: ...Lorenzo? Ah ciao, come va?
Lorenzo: Bene, grazie. Claudio mi ha detto che i suoi appunti ce li hai tu. Me li potresti dare per un po'?
Valeria: ...Veramente... avevo appena cominciato a sfogliarli!
Lorenzo: Hai ragione, ma a me serve soprattutto la parte sul Romanticismo.
Valeria: Ah, se non sbaglio, sono una trentina di pagine. Queste te le posso prestare. Però, mi raccomando, mi servono presto.
Lorenzo: Non ti preoccupare, giusto il tempo di fotocopiarle! Te le darò subito indietro. Grazie mille!

2 **Leggete di nuovo e rispondete alle domande.**

1. Di che cosa ha bisogno Lorenzo?
2. Perché si rivolge a Claudio?
3. Perché poi si deve rivolgere a Valeria?
4. Come si risolve la situazione?

3 **Abbinate le due colonne. Cosa dice Lorenzo per...**

...esprimere sorpresa	*Bravo!*
...fare i complimenti a Claudio	*Caspita!*
...esprimere contrarietà, dispiacere	*Non ti preoccupare!*
...rassicurare Valeria	*Accidenti!*

4 **Il giorno dopo Lorenzo incontra all'università una sua amica. Completate il loro dialogo con le parole date.**

Lorenzo: Siamo fortunati!
Beatrice: Perché, cos'è successo?
Lorenzo: Finalmente sono riuscito a trovare gli appunti di letteratura che cercavo.
Beatrice: Che bello! Chi (1)..............................?
Lorenzo: (2).............................. oggi Valeria. Sono quelli di Claudio. Ma (3).............................. che lui ha preso 30?
Beatrice: Davvero? Non lo sapevo. Io mi accontenterei anche di un 25! Comunque, li darai anche a me, no?
Lorenzo: Veramente Valeria non mi può dare tutto. (4).............................. solo le pagine sul Romanticismo. Queste certo che (5).............................. . Anzi, faccio una copia anche per te.
Beatrice: Benissimo! Sai, anche Sabrina avrebbe bisogno di questi appunti. Ne potresti fare una anche per lei?
Lorenzo: Va bene. Alla fine mi sa che tutti studieranno sugli appunti di Claudio! Al posto suo io (6)..............................!!

lo sai *te li ha dati* *li pubblicherei* *Me li presterà* *te le darò* *Mi porterà*

5 **Scrivete un breve riassunto** ***(40-50 parole)*** **del dialogo introduttivo.**

6 **Nel dialogo introduttivo abbiamo visto le frasi che seguono. In piccoli gruppi spiegate brevemente, come nell'esempio, a che cosa si riferiscono i pronomi in nero e in blu.**

(Claudio) **te li** avrei dati volentieri	*a te, gli appunti*
(Claudio) **Glieli** ho dati proprio stamattina	....
(Lorenzo) **Me li** potresti dare	....
(Valeria) Queste **te le** posso prestare	....

7 **Avete notato come si trasformano i pronomi indiretti quando si uniscono a quelli diretti? Adesso, sempre in gruppi, completate la tabella. Se volete rivedere i pronomi diretti e indiretti consultate l'Appendice grammaticale a pagina 151.**

I pronomi combinati

Eva, mi dai un attimo il tuo dizionario?	*(mi+lo)*	➪	**Me lo** dai un attimo?
Ti devo portare le riviste stasera?	*(ti+le)*	➪	.... devo portare stasera?
Presterò a Luigi il mio motorino.	*(gli+lo)*	➪	**Glielo** presterò.
Chiederò a Elena gli appunti.	*(le+li)*	➪	**Glieli** chiederò.
Ci puoi raccontare la trama del film?	*(ci+la)*	➪	**Ce la** puoi raccontare?
Vi consiglio il tiramisù.	*(vi+lo)*	➪	.... consiglio.
A Gianni e Luca regalerò questi libri.	*(gli+li)*	➪	**Glieli** regalerò.
Professore, Le faccio vedere le foto?	*(Le+le)*	➪	**Gliele** faccio vedere?
Mi puoi parlare dei tuoi progetti?	*(mi+ne)*	➪	**Me ne** puoi parlare?
Gli darò due copie del libro.	*(gli+ne)*	➪	**Gliene** darò due copie.

Nota: Come vedete i pronomi indiretti alla terza persona (*gli/le/Le*) si uniscono al pronome diretto e, con l'aggiunta di una *-e-*, formano con esso una sola parola (*glielo, gliela, glieli, gliele*).

8 **Rispondete alle domande secondo l'esempio.**

Mi dai il tuo numero di telefono? ➪ *Sì, te lo do subito.*

1. Oggi mi offri tu il caffè, va bene?
2. Per favore, dai tu questa lettera a Luca?
3. Quando ci presenterai i tuoi amici?
4. Davvero? Regalerai a Sara un anello d'oro?
5. Quante copie degli appunti ti servono?
6. Quando mi fai vedere la tua nuova casa?

➪ 1 - 7

B Scusami!

1 **Ascoltate i mini dialoghi e abbinateli ai disegni. Attenzione, ci sono due immagini in più!**

2 **Ascoltate di nuovo e completate la tabella che segue.**

Scusarsi	Rispondere alle scuse
.... *del ritardo!*	...............................*!*
Chiedo ....*!*	...............................*!*
..............................., *signora!* (formale)	...............................*!*
Mi scuso del comportamento...!	*Non fa niente!*
Scusa il ritardo!	*Si figuri!* (formale)
Ti / Le chiedo scusa!	*Ma che dici!*

Role-play

3 **Sei *A*: scusati con *B* nelle seguenti situazioni:** **Sei *B*: rispondi ad *A*.**

- *sull'autobus gli/le calpesti un piede*
- *hai dimenticato il suo compleanno*
- *hai perso un libro che ti aveva prestato*
- *gli/le dai un'informazione sbagliata*
- *camminando distratto per strada gli/le vai addosso*

8

4 **Leggete il dialogo tra Lorenzo e la professoressa durante l'esame di letteratura italiana e indicate le affermazioni corrette.**

Prof.ssa Levi: Allora, signor Baretti, questa è la seconda volta che sostiene l'esame, vero?

Lorenzo: Sì.

Prof.ssa Levi: D'accordo... Questa volta sono sicura che andrà meglio. Dunque... poeti minori dell'Ottocento...

Lorenzo: Eeeh..., professoressa, mi scusi, ma questo capitolo io non l'ho studiato affatto!

Prof.ssa Levi: Ma come non l'ha studiato? Ne abbiamo parlato più volte.

Lorenzo: Davvero?! Non me l'ha detto nessuno!

Prof.ssa Levi: Ma secondo Lei, chi glielo avrebbe dovuto dire, signor Baretti?! Durante le lezioni Lei dov'era? ...Andiamo avanti: ...Giovanni Verga.

Lorenzo: Verga... certo... Verga è uno scrittore che... mmh...

Prof.ssa Levi: Verga è uno scrittore, questo è sicuro! Ora mi dirà che nessuno Le ha detto che Verga era nel programma!

Lorenzo: Ma... professoressa, veramente, nessuno me li ha fatti notare questi capitoli!

Prof.ssa Levi: Nessuno glieli ha fatti notare?! Signor Baretti, forse è meglio che ci vediamo quando sarà più preparato... o meglio più informato!

Lorenzo: Va bene... Buongiorno e grazie!

Prof.ssa Levi: ArrivederLa!

1. Lorenzo non ha potuto rispondere alle domande perché:
   - a. erano veramente difficili
   - b. nessuno gliene aveva parlato
   - c. non le ha capite

2. La professoressa Levi ha mandato via Lorenzo perché:
   - a. non frequentava le sue lezioni
   - b. non aveva studiato
   - c. ha tentato di copiare

3. Lorenzo non sapeva parlare di Giovanni Verga perché:
   - a. non era nel programma
   - b. non è uno scrittore importante
   - c. nessuno gliel'aveva fatto notare

5 **Osservate queste frasi del dialogo e, in particolare, i participi passati. Che cosa notate?**

...non me l'ha detto nessuno *...nessuno me li ha fatti notare questi capitoli.*

6 **Completate la tabella.**

I pronomi combinati nei tempi composti

-Chi l'ha detto a Flora? -**Gliel'ha** dett**o** suo fratello.	-Quando ti hanno portato questi dolci? -**Me li hanno** portat... ieri.
-Chi vi ha regalato questa cornice? -**Ce l'ha** regalat... mio cugino.	-Gianni ti ha presentato le sue amiche? -Sì, **me le ha** presentat**e** tempo fa.
-Quanti libri gli hai prestato? -**Gliene ho** prestat**i** tre.	-Quante e-mail ti hanno spedito? -**Me ne hanno** spedit**e** parecchie.

Come vedete, il participio passato concorda con il pronome diretto che lo precede anche quando fa parte di un pronome combinato.

7 **Rispondete alle domande.**

1. Quanti francobolli ti sono serviti? *(tre)*
2. Chi ha dato il permesso al piccolo? *(io)*
3. Chi ha dato la macchina a Tommaso? *(suo padre)*
4. Quando ti ha restituito i soldi che ti doveva? ***(stamattina)***
5. Vi hanno portato le sedie che avevate ordinato? ***(solo due)***

9 - 12

C Incredibile!

4 **1** **Ascoltate il dialogo. Secondo voi, qual è la notizia più importante?**

- Finalmente a casa dopo un mese a New York! Allora, sorellina, cos'è successo nella nostra piccola città?
- Vediamo... ah, Marianna si sposa.
- Davvero?! Credevo che non si sarebbe sposata mai. Poi?
- Eh... Riccardo ha comprato una *Ferrari*!
- Possibile?! Ma dove cavolo li trova i soldi? Altro?
- Sì... Marco e Raffaella si sono lasciati!
- Incredibile! Ma chi l'avrebbe mai detto?
- E non solo: lei si è messa con Alberto.
- Non ci credo! Ma guarda quante notizie.
- Cos'altro? ...Ah, zia Maria ha vinto al totocalcio!
- Ma va! Domani le farò visita!
- Ah, un'ultima cosa: il tuo ex si è fidanzato!
- Non me lo dire! Va be', tanto ormai non me ne frega più niente!
- Vedi quante novità nella nostra piccola città?
- Ma quale piccola? Qua è peggio di New York!!!

2 **Cercate di ricordare quali di queste espressioni avete ascoltato e letto!**

sorpresa

- *Davvero?!*
- *Scherzi?!*
- *Caspita!*
- *Ma va!*
- *Chi l'avrebbe mai detto?*
- *Possibile?!*

incredulità

- *Non ci credo!*
- *Non me lo dire!*
- *Non è vero!*
- *Incredibile!*
- *No!*
- *Impossibile!*

Role-play

3 **Sei *A*: riferisci a *B* le notizie che seguono. Dove necessario puoi usare espressioni come** "hai sentito che...?", "lo sai che...?", "hai saputo che...?" **ecc.**

Sei *B*: reagisci alle notizie che ti riporta *A*.

- *la vostra squadra ha perso di nuovo*
- *una vostra conoscente ha avuto un incidente*
- *un'amica si è finalmente laureata*
- *i professori faranno sciopero*
- *la vostra cantante preferita ha annullato il concerto nella vostra città*

Ancora una vittoria per la squadra torinese!
Juventus-Parma 2-0

Scuola: scioperi in vista
Esami a rischio!

13

4 **Provate a scrivere due mini dialoghi *(50-60 parole)* usando le espressioni del punto 2.**

D Quante domande!

5

1 **Ascoltate le domande. Potete pensare a possibili risposte?**

chi?

- *Chi* sono quei tipi che ci guardano?
- Di *chi* è questa penna?
- *Chi* è quella ragazza?

quale? quali?

- *Quali* città vorresti visitare?
- Tra queste camicie *quale* preferisci?
- *Qual* è la verità?

che? che cosa? cosa?

- *Che cosa* facciamo oggi?
- *Cosa* prendi?
- *Che* giorno è oggi?
- Di *che cosa* ti occupi?

quanto?

- *Quante* persone c'erano?
- *Quanto* ti è costato?
- *Quanti* anni ha?

2 **Completate le domande con gli interrogativi del punto precedente.**

1. .... hai regalato a tuo fratello?
2. Per .... motivo impari l'italiano?
3. .... era al telefono?
4. Da .... dipende se vieni o no?
5. .... è stato il momento più importante della tua vita?
6. Da .... tempo studi l'italiano?

14 - 16

3 **A coppie discutete di un esame/periodo della scuola che è stato particolarmente significativo. Poi riferite alla classe se le vostre esperienze sono state simili o diverse.**

4 **Un'esperienza comune per molti italiani sono gli "esami di maturità": un periodo importante perché coincide con la fine della scuola. Completate i brevi testi, il ricordo che hanno dell'esame quattro noti personaggi, con le forme corrette dei verbi tra parentesi.**

"Ho fatto tre volte la terza superiore"

SILVIO MUCCINO (attore)

Ho preso 80. Non (1. studiare) .... ma sono stato molto fortunato all'orale!!! Ho fatto una tesina video un po' commovente e li (2. convincere) .... tutti. Il ricordo che (3. avere) ....? È stato un incubo, me lo (4. sognare) .... ancora la notte. Per quanto riguarda la preparazione, che dire... (5. essere) .... un mese terribile.

VALERIO MASTANDREA (attore)

Non ricordo molto degli esami, (6. passare) .... troppi anni, ma ricordo che ho consegnato il compito di matematica in bianco. Un mio compagno mi (7. passare) .... le soluzioni, ma io non (8. volere) .... copiare perché tanto era inutile. Quando si è sposato, ho fatto incorniciare il foglietto che mi (9. passare) .... e quello è stato il mio regalo di nozze.

LINUS (d.j.)

Io ho fatto tre volte la terza superiore, perché in quegli anni cominciavo a lavorare alla radio e quindi (10. essere) .... uno studente molto distratto. Comunque quando ho fatto gli esami di maturità ero più distaccato rispetto ai miei compagni. In pratica (11. limitarsi) .... a studiare quello che (12. pensare) .... mi avrebbero chiesto. A tutti i ragazzi auguro comunque di rendersi conto che dall'esame non (13. dipendere) .... la loro vita.

CARLO LUCARELLI (scrittore)

Ricordo che c'era una specie di terrorismo nell'aria durante gli esami di maturità: ti convincevano che (14. dovere) .... sapere tutto e che comunque ti (15. chiedere) .... ciò che non sapevi. (16. passare) .... l'ultimo mese e mezzo a studiare e basta. Alla fine ero davvero terrorizzato ma non (17. avere) .... con me nessun portafortuna, non come un mio amico che ha deciso di indossare la camicia con cui (18. sostenere) .... l'esame di terza media!

adattato da Panorama

5 **Rispondete alle domande.**

1. Quante volte ha sostenuto gli esami Linus?
2. Quanto tempo ha studiato per la maturità Silvio Muccino?
3. Che cosa ha regalato Valerio Mastandrea al suo vecchio compagno di scuola per il suo matrimonio?
4. Perché Carlo Lucarelli aveva paura degli esami?

6 **Ancora domande! In coppia, scegliete l'interrogativo giusto tra quelli dati.**

1. Io l'ho vista ieri mattina, tu *quando / quanto* l'hai sentita?
2. Di *dove / quando* è Mauro?
3. Ma *perché / quanto* siete partiti di nascosto?
4. *Dove / Quando* pensi di venire?
5. Sai *dove / perché* sono i miei occhiali?

7 **Completate le domande con tutti gli interrogativi visti in questa unità.**

1. .... volte ci siete andati?
2. Tu .... l'hai saputo?
3. Amore, dimmi: .... hai nascosto i dolci?
4. Ma .... avete discusso per tre ore?
5. Non è vero, ... te l'ha detto?
6. Per .... motivo non hai accettato?

17 - 18

E Vocabolario e abilità

1 **Completate le frasi con queste parole:** dipartimento, iscrizione, frequenza, prove, esami di ammissione, mensa

1. In alcune facoltà la .... è obbligatoria.
2. In Italia l'ingresso in molte università è libero: non sono previsti ....
3. Nella Facoltà di Lettere e Filosofia c'è il .... di Italianistica.
4. Gli esami spesso comprendono sia .... scritte che orali.
5. Anche alle università statali bisogna pagare delle tasse di ....
6. Gli studenti mangiano spesso alla ....

2 **In quale facoltà bisogna laurearsi per diventare...? In coppia, prima completate le professioni e poi abbinatele, come nell'esempio, alle facoltà. Attenzione: queste ultime sono di più!**

Medicina ..6..

Odontoiatria .....

Ingegneria .....

Giurisprudenza .....

Architettura .....

Psicologia .....

Lingue .....

Lettere .....

3 **Ascolto** Quaderno degli esercizi (p. 91)

4 **Situazioni**

Role-play

1. *A* è uno studente interessato a una vacanza-studio in Italia: a pagina 155 troverà alcune possibili domande da fare; *B* lavora nella segreteria di un'organizzazione che si occupa di questo e a pagina 156 troverà materiale informativo per rispondere ad *A*.
2. Pensi di andare a studiare in un'altra città poiché lì la facoltà che hai scelto è considerata una delle migliori. Il problema è che il/la tuo/a ragazzo/a (*B*) non ne vuole sapere. Tu (*A*) cerchi di spiegargli/le che non si deve preoccupare e che la distanza non mette a rischio la vostra relazione.

5 **Scriviamo**

Scrivi una lettera ad un amico italiano per annunciargli la tua intenzione di andare a studiare a Milano spiegandogli i motivi: alto livello della facoltà scelta, amore per l'Italia e così via. In più, chiedi informazioni sulla vita studentesca in Italia. *(80-120 parole)*

Test finale

La scuola...

I genitori italiani possono portare i loro figli all'**asilo nido** e poi, a 3 anni, alla **scuola materna**. L'iscrizione non è obbligatoria.
La *scuola dell'obbligo* comincia a 6 anni con la **scuola elementare** che dura 5 anni: i bambini imparano a leggere e a scrivere, apprendono nozioni di cultura generale e cominciano a studiare una lingua straniera (inglese o francese).
I guai*... cominciano con la **scuola media**. Ormai non ci sono più maestri, ma un insegnante per ogni materia. Alla fine del terzo anno, dopo un esame, gli alunni ottengono la *licenza media*.
Chi decide di continuare gli studi può scegliere tra diversi tipi di **scuola media superiore**: *liceo classico*, *scientifico*, *linguistico*, *artistico*, *istituti tecnici* e *scuole professionali*. La durata degli studi è di 4 o 5 anni e alla fine c'è l'*esame di maturità* che prevede prove scritte e orali sulle materie dell'ultimo anno. Chi le supera (la quasi totalità degli studenti) ottiene il *diploma di maturità*.

1. La scuola dell'obbligo:
   - [ ] a. comprende la scuola superiore
   - [ ] b. comprende la scuola materna
   - [ ] c. comincia subito dopo la scuola materna
   - [ ] d. dura 5 anni

2. La scuola media:
   - [ ] a. dura quanto quella elementare
   - [ ] b. dura quanto quella superiore
   - [ ] c. prevede un esame alla fine dell'ultimo anno
   - [ ] d. prevede videolezioni di lingue straniere

3. La scuola superiore:
   - [ ] a. non è soltanto di un tipo
   - [ ] b. dura 3 anni
   - [ ] c. rende gli studenti più maturi
   - [ ] d. prevede un esame orale finale

...e l'università italiana

Tutti gli studenti, in possesso di diploma di scuola superiore, possono iscriversi a una facoltà di loro scelta, senza esami di ammissione. Per le facoltà a numero chiuso, invece, come ad esempio Odontoiatria e Medicina, è obbligatorio il superamento di una prova scritta.

CHI STUDIA MENO STUDIA MEGLIO

Durata media degli studi universitari nella Ue

Non sempre chi frequenta di più ottiene risultati migliori. Anzi, secondo i dati forniti da Eurostat i paesi nei quali gli studenti passano più tempo negli atenei sono anche quelli nei quali la qualità dello studio è inferiore. La causa è l'organizzazione più carente che si traduce in una perdita di tempo per gli studenti.

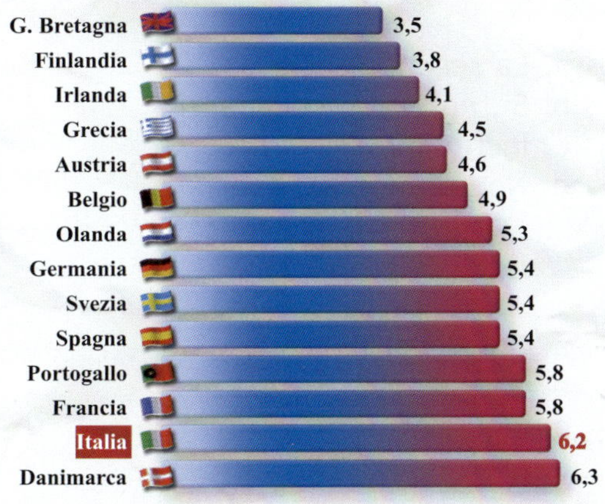

Il libero accesso* agli studi universitari, comunque, crea anche dei problemi: università spesso sovraffollate* e bassa percentuale di laureati (circa il 30%). Ciò significa che molti sono gli studenti iscritti che non riescono a laurearsi e molti sono i cosiddetti "fuori corso", gli studenti cioè che presentano con ritardo la loro *tesi di laurea**. D'altra parte, l'Università italiana, nonostante l'alto livello di preparazione che offre, è un po' staccata dal mondo del lavoro; così anche con una laurea in mano non è facile trovare un'occupazione.

La durata di un corso di laurea varia dai 3 ai 6 anni, a seconda della facoltà. Negli ultimi anni, tuttavia, esiste anche la cosiddetta *laurea breve*, un diploma universitario che si può ottenere in 3 anni, ed è richiesto in specifiche aree professionali. Dopo la laurea esistono *corsi di specializzazione** e *dottorati di ricerca** di alto livello.

La maggior parte delle università italiane sono statali. Gli studenti devono, comunque, pagare le *tasse d'iscrizione* all'inizio di ogni anno accademico, che variano a seconda dell'università e della facoltà. Esistono, inoltre, poche università private, Politecnici, Istituti universitari e le Università per Stranieri di Perugia, di Siena e di Reggio Calabria.

1. Quali sono i vantaggi e gli svantaggi delle università italiane?
2. Ci sono differenze tra il sistema universitario italiano e quello del vostro paese? Parlatene in breve.

L'Università di Bologna è la più antica del mondo. Molte università italiane hanno sede in bellissimi e maestosi palazzi, costruiti cinque o più secoli fa.

Glossario: guaio: difficoltà; accesso: ingresso, entrata; sovraffollato: quando in un luogo c'è troppa gente; tesi di laurea: lavoro scritto su un argomento che lo studente presenta e discute all'esame di laurea; corso di specializzazione: ulteriore periodo di studio e lezioni che permette di ottenere un titolo professionale specifico dopo la laurea; dottorato di ricerca: ulteriore periodo di studi e ricerche, in ambito universitario, dopo la laurea.

Attività online

Autovalutazione

Che cosa ricordate dell'unità 1?

1. Abbinate le frasi.

1. Me lo riporti domani, no?
2. Che classe fai?
3. Scusa, la colpa è tutta mia.
4. Me l'ha detto lui!

a. La seconda superiore.
b. Sì, non ti preoccupare!
c. Incredibile!
d. Non fa niente!

2. Sapete...? Abbinate le due colonne.

1. rispondere a delle scuse
2. esprimere sorpresa
3. esprimere incredulità
4. esprimere dispiacere

a. Non è vero!
b. Peccato!
c. Figurati!
d. Ma va!

3. Rispondete o completate.

1. Un tipo di liceo: ....
2. A che età comincia la scuola elementare? ....
3. Tre interrogativi: ....
4. Le + li: ....

4. Scoprite, in orizzontale e in verticale, le otto parole relative alla scuola e all'università.

T	R	O	L	A	S	M	I	W	A
S	C	A	P	I	T	O	L	O	L
U	C	A	M	M	E	N	S	A	U
D	L	M	A	E	S	T	R	A	N
I	E	B	T	L	O	E	G	T	N
E	T	H	E	A	C	O	R	S	O
Y	T	I	R	M	Y	M	A	N	I
I	E	S	I	E	S	A	F	B	R
U	R	M	A	T	I	S	T	O	A
R	E	L	I	N	G	U	E	E	Z

Verificate le vostre risposte a pagina 154. Siete soddisfatti?

Piazza Grande, Arezzo

Soldi e lavoro

Per cominciare...

1 **Lavorate in coppia. Abbinate le parole alle foto.**

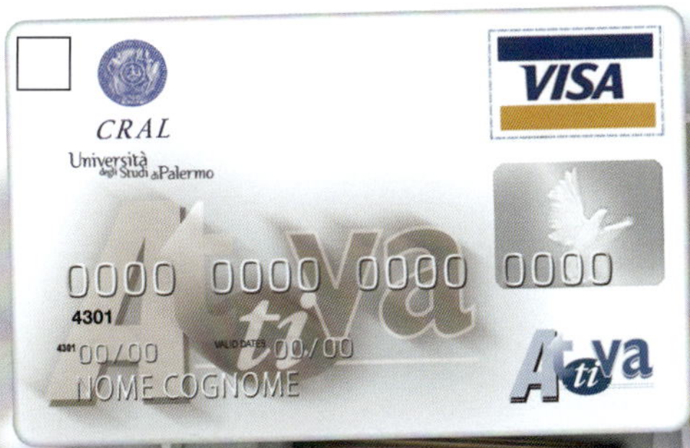

a. carta di credito, b. sportello bancomat,
c. contanti, d. sportello, e. assegno

2 **Che rapporto avete con i soldi? In genere, riuscite a risparmiare?**

3 **Ascoltate il dialogo e indicate le affermazioni giuste.** (7)

1. Carla ha voluto aprire un conto corrente
   - a. perché è obbligatorio per gli studenti
   - b. per poter ricevere soldi dai suoi
   - c. anche se non ne aveva bisogno

2. Chi apre questo conto corrente
   - a. ha uno sconto in alcuni negozi
   - b. riceve cd e libri in regalo
   - c. deve fare la fila

In questa unità...

1. *...impariamo diversi modi di formulare una domanda, a scrivere una lettera formale, a rispondere ad un annuncio di lavoro, a scrivere un Curriculum Vitae;*
2. *...conosciamo i pronomi relativi, delle espressioni particolari con* che *e* cui, *le forme* stare + gerundio *e* stare per + infinito;
3. *...troviamo alcune informazioni sull'economia italiana e sul made in Italy.*

A Proprio il conto che mi serviva!

1 Ascoltate di nuovo e verificate le vostre risposte all'attività precedente.

Carla: Ciao, Stefano. Guarda!

Stefano: Oh, ciao. Cos'è?

Carla: Il mio bancomat! Ricordi, quel conto corrente di cui ti parlavo? L'ho finalmente aperto!

Stefano: Ah sì, brava! ...Ma io non ho ancora capito a cosa ti serve un conto, se fra sei mesi andrai via.

Carla: Te l'ho detto, così i miei mi possono mandare i soldi più facilmente... e poi è anche più sicuro tenere i soldi in banca, no?

Stefano: Eh sì, hai ragione. È per questo che sei così contenta?

Carla: Sono contenta perché credo di aver fatto la scelta giusta... almeno l'impiegata con cui ho parlato mi ha convinta. È un nuovo conto corrente bancario pensato apposta per gli studenti, ai quali offre molti vantaggi.

Stefano: Tipo?

Carla: Prima di tutto mi hanno dato questo bancomat con il quale posso evitare le file in banca e fare operazioni per telefono e via Internet. E poi potrò usarlo anche come carta di credito in molti negozi e avrò sconti su libri, cd e anche vestiti!

Stefano: Ah, ecco la ragione principale per cui hai aperto questo conto: lo shopping!

Carla: Spiritoso! Al contrario, l'ho fatto proprio per usare i miei soldi in maniera più intelligente. E dovresti farlo anche tu!

Stefano: Io?! No, cara! E il motivo è che ho già un conto in rosso e una carta di credito che uso troppo!

2 **Leggete il dialogo, da soli o in coppia, e mettete in ordine cronologico le affermazioni che seguono.**

- ☐ Carla va in banca.
- ☐ Carla spiega a Stefano i vantaggi del conto che ha aperto.
- ☐ Carla apre un conto corrente.
- ☐ Carla mostra a Stefano il suo bancomat.
- ☐ L'impiegata dà informazioni a Carla.
- ☐ Carla dice a Stefano che vuole aprire un conto corrente.

3 **Completate il dialogo tra Carla e l'impiegata di banca, scegliendo il pronome corretto.**

imp.: Ha detto che si trova in Italia per un corso di lingua, vero?

Carla: Sì, e il motivo per cui/~~a cui~~ mi serve un conto è che i miei mi mandano soldi dall'estero. Se non sbaglio, c'è un conto per studenti ~~il quale~~/di cui ho sentito parlare.

imp.: Sì, infatti, ce n'è uno ~~la quale~~/che presenta dei vantaggi per chi studia: prima di tutto ha un tasso d'interesse che/~~a cui~~ è più alto del solito; secondo, diamo un bancomat con il quale/~~con la quale~~ può prelevare da un qualsiasi sportello automatico e fare altre operazioni da casa.

Carla: Via internet?

imp.: Appunto, ma anche per telefono. Infine, il bancomat funziona anche come carta di credito e offre il 10% di sconto sugli acquisti fatti.

Carla: Ah, perfetto! Gli sconti sono una cosa con cui/di cui noi studenti abbiamo davvero bisogno!

4 **Rispondete per iscritto *(15-20 parole)* alle domande.**

1. Per quali motivi Carla è contenta di aver aperto questo conto corrente? ....

....

2. Qual è, secondo voi, il vantaggio più grande che offre? ....

....

3. Perché a Stefano non interessa aprire un conto corrente? ....

....

5 **Lavorate in coppia. Osservate la tabella. C'è qualche differenza tra le prime due frasi (1-2) e le ultime due (3-4)?**

Il pronome relativo *che*

1. Il signore **che** parla in tv è un mio professore.
2. Conosci quei ragazzi **che** sono seduti sulle scale?
3. Il libro **che** sto leggendo è molto interessante.
4. Le scarpe **che** vorrei comprare sono troppo care.

Come potete notare il pronome relativo *che* è indeclinabile e si riferisce al soggetto (esempi n. 1 e 2) oppure all'oggetto (esempi n. 3 e 4).

Nella frase "Ho incontrato la ragazza di Michele *che* lavora in banca" il pronome relativo *che* potrebbe riferirsi a Michele o alla sua ragazza. In questi casi si usa soprattutto il pronome *il quale* per evitare equivoci:
"Ho incontrato la ragazza di Michele, *la quale* lavora in banca".

Attenzione: *Questi ragazzi **li** ho incontrat**i** ieri.*
ma: *Questi sono i ragazzi **che** ho incontrat**o** ieri.*

6 **Costruite frasi orali secondo l'esempio.**

Luca ha un fratello; si chiama Mauro. (*Luca...*)
Luca ha un fratello che si chiama Mauro.

1. Ho visto un film ieri; il film mi è piaciuto molto. *(Il...)*
2. Ho scoperto una trattoria; la trattoria è veramente buona. *(La...)*
3. Mario mi ha regalato un libro; avevo già letto il libro! *(Mario...)*
4. Penso di comprare una casa; la casa è proprio in centro. *(La...)*
5. Ho mangiato un panino; il panino non era buono. *(Ho...)*

1 - 3

7 **Nel dialogo introduttivo abbiamo visto frasi come** "quel conto corrente *di cui* ti parlavo", "l'impiegata *con cui* ho parlato", "questo bancomat *con il quale*". **A coppie osservate le frasi che seguono: secondo voi, che differenza c'è tra** *cui* **e** *che*?

I pronomi relativi *cui / il (la) quale*

Sono uscita *con* Luigi.	⇨ L'uomo **con cui** sono uscita è Luigi.
Penso spesso *a* mia madre.	⇨ La persona **a cui** penso spesso è mia madre.
Non sono venuta *per* motivi seri.	⇨ I motivi **per cui** non sono venuta erano seri.
Tra gli invitati c'era anche Marcella.	⇨ C'erano tanti invitati, **tra cui** anche Marcella.
Mi parla spesso *di* una ragazza, Rosa.	⇨ Rosa è la ragazza **di cui** mi parla spesso.

Di più sul pronome *cui* in Appendice a pagina 151.

8 **Come abbiamo visto, al contrario di *che*, il pronome relativo *cui* è sempre preceduto da una preposizione semplice. Anche *cui* può essere sostituito da *il quale*, accompagnato dalla preposizione articolata. Completate le frasi.**

Il ragazzo **con cui** esci è simpatico.	➪	...**con il quale** esci...
La ragazza **di cui** parli si chiama Cinzia?	➪	.... parli...
Chi sono i ragazzi **a cui** hai dato il tuo numero?	➪	...**ai quali** hai dato...
Le ragioni **per cui** ci vado sono due.	➪	per le quali..... ci vado...

9 **In base agli esempi visti, formate frasi orali secondo il modello.**

Ho molta fiducia in Roberto. *(Roberto è un ragazzo...)*
Roberto è un ragazzo in cui / nel quale ho molta fiducia.

1. Sono nato in una città grande, ma caotica. *(La città...)*
2. Ho prestato dei soldi a un caro amico. *(Il ragazzo...)*
3. Mi preoccupo molto di questo fatto. *(È un fatto...)*
4. Con Gianni e Mario esco molto spesso. *(Gianni e Mario sono gli amici...)*
5. Stasera viene anche Mauro; ti ho parlato spesso di lui. *(Stasera viene anche...)*

4 - 11

B Perché...?

1 **Le frasi dei 4 mini dialoghi sono in disordine. Potete abbinare le domande (a-e) alle risposte (1-4)? Di domande ce n'è una in più!**

a. Non mi puoi restituire i soldi che ti ho prestato?! E perché no?
b. Per curiosità, per quale motivo hai pagato in contanti?
c. Dimmi una cosa, perché le hai parlato così?
d. Perché mai hai deciso di prendere un altro mutuo?
e. Come mai non hai pagato con la carta di credito?

.... - 1	.... - 2	.... - 3	.... - 4

1. Perché altrimenti non avrei mai finito di costruire la casa.
2. Niente, ...semplicemente in questo periodo sono al verde!
3. Perché non avevo con me la carta di credito.
4. Il fatto è che l'ho già usata troppo questo mese.

8 **2** **Ascoltate i mini dialoghi per confermare le vostre risposte e sottolineate le espressioni utilizzate per rivolgere una domanda.**

Role-play

3 **Sei *A*: prima annuncia a *B* quanto segue e poi rispondi alle sue domande:**

- *hai deciso di aprire una pizzeria*
- *hai deciso di lasciare il tuo lavoro*
- *ti sei lasciato con la tua fidanzata*
- *hai deciso di non usare più carte di credito*
- *hai bisogno di soldi*

Sei *B*: ascolta quello che ti dice *A* e poi chiedi delle spiegazioni.

C Egregio direttore...

1 **Secondo voi, quali sono le differenze tra una lettera amichevole e una formale?**

2 **Leggete questa lettera e indicate quali delle affermazioni sulla destra sono veramente presenti.**

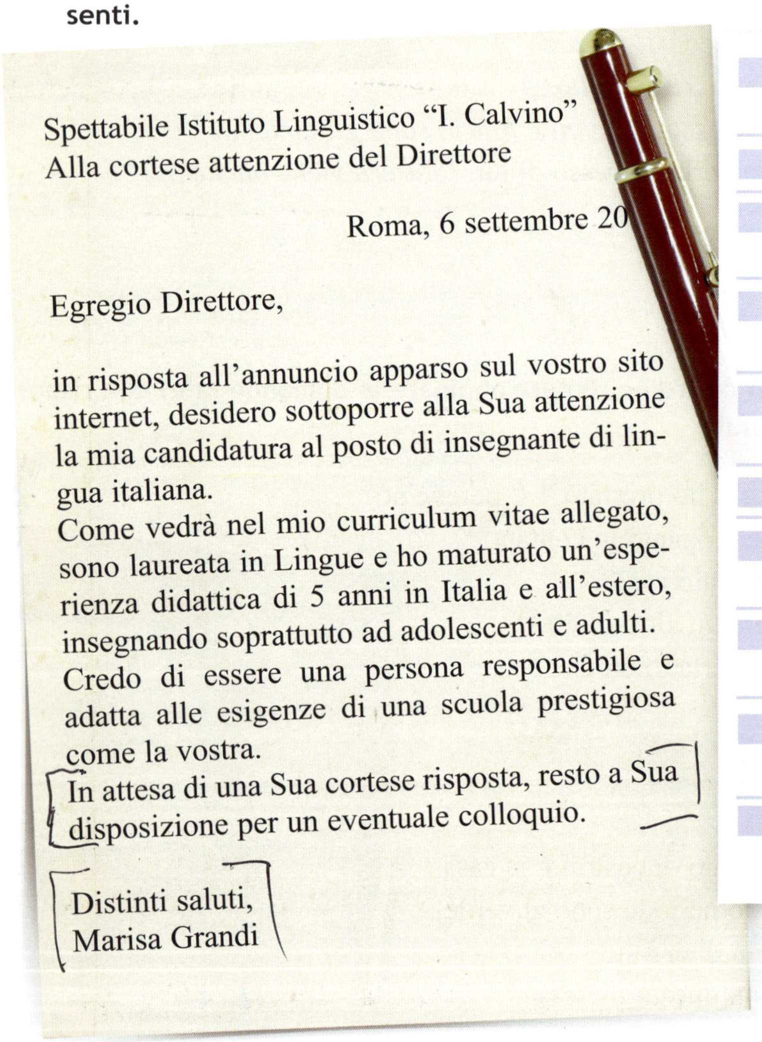

Spettabile Istituto Linguistico "I. Calvino"
Alla cortese attenzione del Direttore

Roma, 6 settembre 20

Egregio Direttore,

in risposta all'annuncio apparso sul vostro sito internet, desidero sottoporre alla Sua attenzione la mia candidatura al posto di insegnante di lingua italiana.
Come vedrà nel mio curriculum vitae allegato, sono laureata in Lingue e ho maturato un'esperienza didattica di 5 anni in Italia e all'estero, insegnando soprattutto ad adolescenti e adulti.
Credo di essere una persona responsabile e adatta alle esigenze di una scuola prestigiosa come la vostra.
In attesa di una Sua cortese risposta, resto a Sua disposizione per un eventuale colloquio.

Distinti saluti,
Marisa Grandi

- ☐ 1. L'annuncio è apparso sul sito della scuola.
- ☐ 2. Chi scrive è insegnante.
- ☐ 3. Ha lavorato anche nella redazione di una rivista.
- ☐ 4. Questa è la seconda volta che scrive all'Istituto.
- ☐ 5. Insieme alla lettera, ha inviato anche il suo C.V.
- ☐ 6. Attualmente non vive in Italia.
- ☐ 7. Fa riferimento alle qualità personali, oltre che professionali.
- ☐ 8. Ha già lavorato con studenti adolescenti.
- ☐ 9. Conosce personalmente il direttore dell'Istituto.
- ☐ 10. L'Istituto "I. Calvino" offre corsi in diverse lingue.

3 **Quella appena vista è una lettera formale. Quali parole o espressioni presenti in essa non trovereste in una lettera amichevole? Sottolineatele.**

4 **Adesso tocca a voi. Immaginate di voler inviare ad un'azienda il vostro C.V. accompagnato da una lettera di presentazione *(80-100 parole)*. Scegliete voi il campo in cui l'azienda opera (abbigliamento, editoria, banche, turismo, automobili, arredamento ecc.) e il posto che vorreste ricoprire al suo interno (segretaria, responsabile vendite, insegnante, ...).**

lettere/e-mail formali

Formule di apertura	Formule di chiusura
Egregio Signore/Dottore/Direttore	*(Porgo) Cordiali/Distinti saluti*
Gentile/Gentilissima Signora	*La saluto cordialmente*
Gentili Signori/Signore	*Con stima*
Spettabile Ditta	*In fede*

5 **Osservate le frasi che seguono: che differenza c'è nell'uso di *chi* nelle due colonne?**

Chi scrive?	*Chi scrive è un'insegnante...*
Con chi sei uscito ieri?	*Chi parla troppo non sa ascoltare.*

Esatto: *chi* non è solo un pronome interrogativo, ma anche relativo e significa *la persona che*. Lo incontriamo spesso nei proverbi.

6 **Abbinate in modo da ricostruire alcuni noti proverbi italiani. Lavorate in coppia.**

1. Chi tardi arriva... d

2. Chi dorme... a

3. Chi trova un amico... e

4. Chi va piano... b

5. Chi cerca... f

6. Chi fa da sé... c

a. *...non piglia pesci*
b. *...va sano e va lontano*
c. *...fa per tre*
d. *...male alloggia*
e. *...trova un tesoro*
f. *...trova*

12

D In bocca al lupo!

1 Prima di leggere il brano, osservate queste parole: conoscete il significato di tutte?

colloquio candidato concorso annuncio posto deluso

2 Ricostruite il dialogo scrivendo il numero d'ordine giusto accanto a ciascuna battuta.

1	*Milena:*	Allora, come va la tua ricerca di un nuovo lavoro?
	Gennaro:	Nel senso che fai la domanda, studi mesi e mesi e poi quando vai a fare il concorso trovi migliaia di candidati per pochi posti! Il che, scusa, non mi sembra molto incoraggiante.
	Milena:	In bocca al lupo, allora!
	Gennaro:	Ancora niente... avrò mandato cento curriculum e sai quanti colloqui ho fatto? Solo tre! Senza risultato...
	Milena:	Ah, mi dispiace! Ma hai provato a partecipare a un concorso pubblico?
	Gennaro:	Sì, va be', è giusto quello che dici, però io preferisco continuare a cercare sugli annunci di lavoro...
	Milena:	Sì, magari hai ragione, ma se non ci provi neppure...
	Milena:	In che senso delusi?
	Gennaro:	Perché tu credi ancora nei concorsi? Secondo me, molti di quelli che ci provano rimangono delusi!
10	*Gennaro:*	Crepi!

3 Nel dialogo abbiamo visto: "è giusto quello che dici". **Osservate:**

forma corretta	forma sbagliata
coloro che (le persone che) credono	~~loro che~~ credono
tutti quelli che	~~tutti che~~
quello che (ciò che) dici	~~questo che~~ dici

Ricordate la frase di Gennaro *Il che, scusa, non mi sembra molto incoraggiante*? **Osservate:**

Non ha chiamato; questo significa che non verrà.
Non ha chiamato, **il che** significa che non verrà.

4 **Lavorate in coppia e scrivete sul vostro quaderno una frase per ciascuna delle forme viste al punto 3.**

13

E Curriculum Vitae

1 **Avete mai sostenuto un colloquio di lavoro? Quali sono, secondo voi, le domande più frequenti? In coppia, fate una lista e confrontatela con i compagni.**

9 2 **Adesso ascoltate uno dei pochi colloqui che ha fatto Gennaro. Ci sono domande che non avevate previsto?**

9 3 **Ascoltate di nuovo e completate il curriculum vitae di Gennaro.**

CURRICULUM VITAE

INFORMAZIONI PERSONALI
Nome: Gennaro Mossini
Data e luogo di nascita: 18 maggio 1979, (1)........................
Stato civile: celibe
Indirizzo: Via G. Bruno 156, Firenze
Telefono: 338.112233
E-mail: genmos@tiscali.it
Nazionalità: italiana

ISTRUZIONE E FORMAZIONE

TITOLI DI STUDIO
1998: Diploma di Maturità Scientifica (voto: 90/100) ottenuto presso il Liceo "T. Tasso" di Pisa.

A.A. 2005-2006. Università degli studi di (2)........................ Laurea in Economia e Commercio (votazione (3)......................../110)
A.A. 2003-2004 Borsa di (4)........................ - Statson University, Londra

CONOSCENZA DELLE LINGUE
Inglese: (5)........................ comprensione e produzione scritta e orale.
(6)........................: buona comprensione scritta e orale, buona produzione scritta e orale.

PRATICA DI SISTEMI INFORMATICI
Buona conoscenza del sistema operativo WINDOWS. Buona conoscenza dei programmi Office, ottima di Word ed Excel. In possesso del Certificato (7)........................ ECDL.

ESPERIENZA LAVORATIVA
(8)........................ vendite presso la *Soft Systems* di Firenze (2 anni).

INTERESSI PERSONALI
Libri, viaggi, internet

4 **Rispondete alle domande.**

1. Che problema ha avuto Gennaro durante l'università?
2. Come sono andate le cose per lui in Inghilterra?
3. Che lavoro ha fatto prima di presentarsi a questo colloquio? Perché è andato via da quell'azienda?
4. Secondo voi com'è andato il colloquio? Scambiatevi idee.

5 **In coppia completate gli annunci con le parole date sotto. Secondo voi, quale annuncio è più adatto al C.V. di Gennaro?**

a. **Importante ditta di abbigliamento** con sede a Milano ricerca un addetto alle vendite. Il **1.** ________ ideale è un diplomato con buona conoscenza dei principali pacchetti informatici e della **2.** ________ inglese. Necessaria **3.** ________ simile, preferibilmente in negozio di abbigliamento. Affidabilità e precisione costituiscono **4.** ________ necessari. Dopo un periodo di prova si offre assunzione a tempo indeterminato. Inviare C.V. via fax al numero 02.3300220.

b. **Group Assicurazioni** ricerca per la **5.** ________ di Pescara neolaureato da inserire come responsabile commerciale. Requisiti richiesti: età inferiore ai 29 anni, laurea, buona **6.** ________ dei programmi informatici Office, buona conoscenza dell'inglese. Titoli preferenziali: breve esperienza presso **7.** ________ di assicurazione o studi legali; corsi specialistici in ambito commerciale/finanziario. I candidati interessati possono inviare il proprio C.V. tramite il sito internet aziendale alla sezione " **8.** ________ di lavoro".

da Trovolavoro - Corriere della Sera

candidato lingua opportunità requisiti sede conoscenza esperienza compagnie

6 **Scegliete un annuncio del punto 5 e scrivete un C.V. con i requisiti richiesti.**

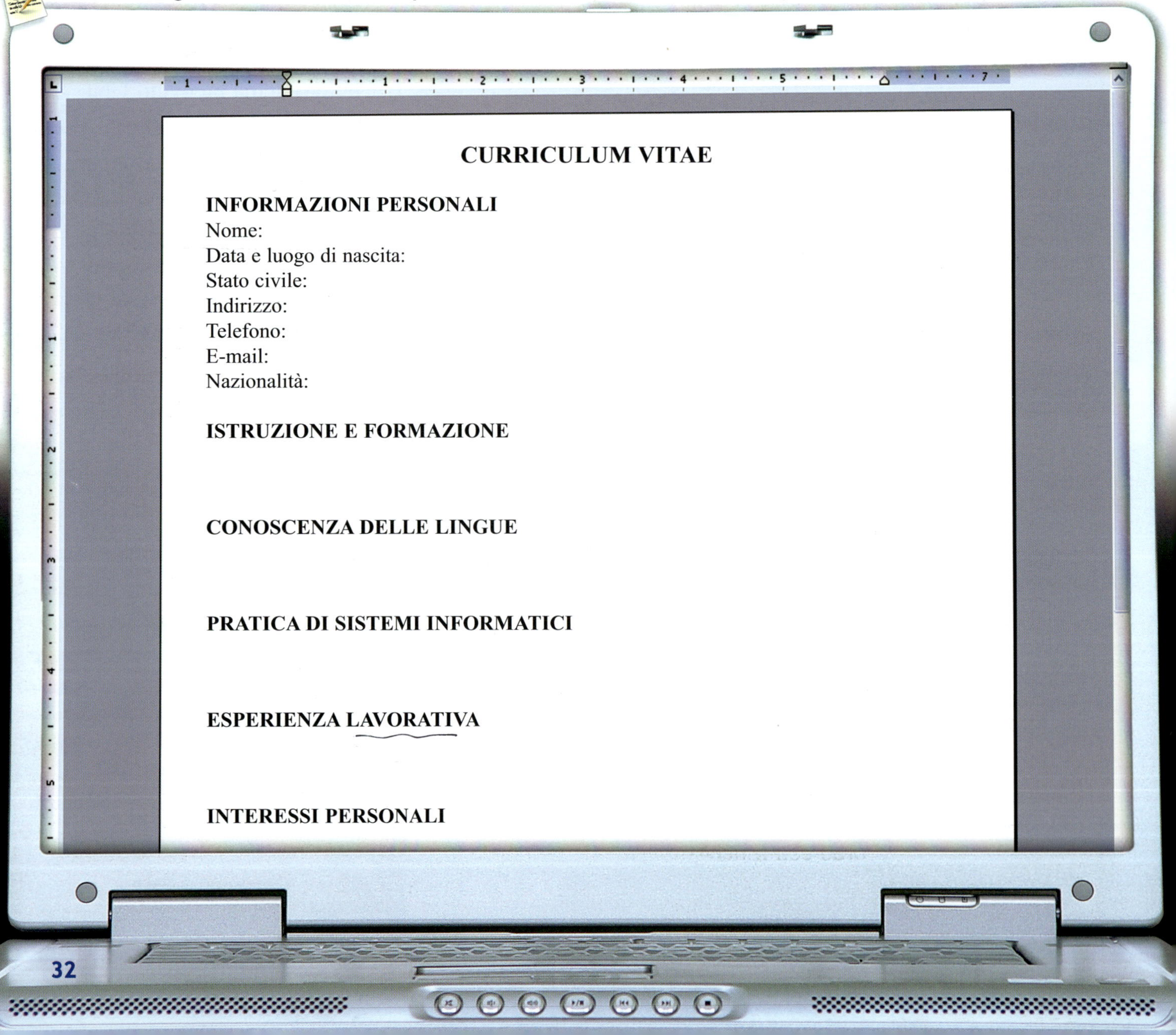

CURRICULUM VITAE

INFORMAZIONI PERSONALI
Nome:
Data e luogo di nascita:
Stato civile:
Indirizzo:
Telefono:
E-mail:
Nazionalità:

ISTRUZIONE E FORMAZIONE

CONOSCENZA DELLE LINGUE

PRATICA DI SISTEMI INFORMATICI

ESPERIENZA LAVORATIVA

INTERESSI PERSONALI

F Un colloquio di lavoro... in diretta

1 **Leggete il titolo dell'articolo che segue e fate delle ipotesi: che cos'è successo, secondo voi?**

2 **Leggete l'intero testo e indicate le affermazioni corrette.**

Imbarazzante equivoco per un giovane negli studi tv di Londra

Alla Bbc per un colloquio di lavoro Va in diretta scambiato per l'ospite

LONDRA - È entrato cardinale, è uscito Papa e nessuno se n'è accorto, o quasi. È andata un po' così a un ragazzo originario del Congo che si è presentato presso gli studi della Bbc per un colloquio di lavoro e invece, per un equivoco epocale, è finito davanti alle telecamere, in diretta mondiale. Per parlare di qualcosa di cui non sapeva assolutamente nulla.

Guy Goma voleva solo proporsi come tecnico informatico. Però: "È successo tutto così all'improvviso, stavo per allontanarmi dalla reception quando un tipo mi ha detto di seguirlo. Andava così di fretta che per stargli dietro mi sono messo a correre. E correndo correndo siamo arrivati in un camerino dove mi aspettava un truccatore, il che mi è sembrato molto strano!"

Dunque, al trucco, poi dritto nello studio della diretta, davanti alla conduttrice della Bbc. Che senza alcuna incertezza lo ha presentato come Guy Sonders, esperto di economia. Lui, che di economia non ne sa assolutamente niente. "Quando ho capito che ero in diretta, di fronte alle telecamere, che cosa potevo fare? Ho cercato di rispondere alle domande e di stare calmo".

Prima domanda della conduttrice: "Che cosa ne pensa della decisione della Banca Barclays di licenziare 400 dipendenti esperti e di assumere al loro posto giovani neo-laureati?". Risposta, azzeccata lì per lì: "Sono molto sorpreso, questa decisione mi è veramente caduta addosso, non me l'aspettavo".

Nel frattempo, il vero Sonders era arrivato e stava aspettando nella lobby, davanti a un monitor. E si è reso conto che il suo nome compariva sullo schermo sotto il volto di uno sconosciuto, il quale cercava, senza molto successo, di dare risposte coerenti alle domande dell'intervistatrice. A quel punto, l'equivoco si è sciolto. Cos'era successo? L'impiegato mandato ad accogliere l'esperto si era semplicemente recato nella reception sbagliata!

A Goma è andata comunque bene: da disoccupato adesso è una specie di "star per caso" ed è stato invitato a partecipare ad altre trasmissioni televisive. Ma alla fine ha ottenuto il posto di lavoro per il quale si era presentato? La Bbc non l'ha fatto sapere...

da *la Repubblica*

1. Guy Goma è

- [ ] a. un esperto di economia
- [x] b. un tecnico
- [ ] c. un impiegato della Bbc
- [ ] d. una star della Bbc

2. Quando ha capito che era in diretta

- [ ] a. è rimasto senza parole
- [ ] b. si è alzato ed è uscito
- [x] c. ha mantenuto la calma
- [ ] d. ha detto chi era veramente

3. Alla prima domanda ha risposto

- [ ] a. che non ne sapeva nulla
- [ ] b. che si aspettava questa notizia
- [ ] c. di essere d'accordo con il licenziamento
- [x] d. in modo generico

4. La verità è venuta fuori

- [ ] a. quando il vero Sonders è arrivato negli studi
- [ ] b. mentre il vero Sonders guardava la tv da casa
- [ ] c. perché Goma rispondeva in modo incoerente
- [ ] d. quando la conduttrice ha capito l'equivoco

3 **Nell'articolo abbiamo visto le espressioni** "*stavo per* allontanarmi dalla reception" **(2º paragrafo) e** "*stava aspettando* nella lobby" **(5º paragrafo): che cosa significano, secondo voi? Osservate:**

***stare* + gerundio** e ***stare per* + infinito**

Questi verbi evidenziano un aspetto specifico dell'azione.

a. l'aspetto progressivo di un'azione: *Stavo lavorando* quando Elisa mi ha telefonato. Che *stai facendo**?

b. la prossimità dell'azione: *Sto per* uscire, cosa vuoi? / *Stavo per* cadere.

*Di più sul gerundio nell'unità 11 (*Nuovo Progetto italiano 2b*).

4 **Completate le frasi con:** *sta per, sto per, sta cercando, stai facendo*.

1. È un periodo importante questo: .... prendere una decisione difficile.
2. Che ....? Ti va di fare quattro passi?
3. Paola vuole cambiare casa, proprio in questi giorni .... sugli annunci.
4. Chiara ha preso un prestito e .... aprire un negozio tutto suo.

14

5 **Osservate i disegni e raccontate la storiella.**

G Vocabolario e abilità

1 Lavorate in coppia. Scrivete accanto alle definizioni, tratte da un dizionario italiano, le professioni date. Attenzione: le professioni sono di più!

segretaria cameriere maestra regista commercialista
commessa giornalista elettricista cuoco operaio

1. Tecnico che ripara o installa impianti elettrici. elettricista
2. Chi per mestiere scrive articoli per i giornali, la radio, la televisione. giornalista
3. Donna che insegna nella scuola elementare o in una scuola d'infanzia. maestra
4. Professionista che si occupa dei problemi commerciali e amministrativi. commercialista
5. Chi serve a tavola o provvede alle pulizie in alberghi, bar ecc. camiere
6. Lavoratore dipendente che svolge un lavoro manuale e spesso faticoso. operaio ?
7. Persona esperta nell'arte del cucinare. cuoco
8. Chi svolge lavoro d'ufficio, sbriga la corrispondenza e tiene gli appuntamenti per un suo superiore. segretaria

2 Ascolto Quaderno degli esercizi (p. 103)

3 Situazione

Role-play

Sei *A*: hai fissato un colloquio con il direttore di un'azienda, a pagina 155 troverai il 'tuo' C.V. e qualche domanda da fare al direttore. Preparati per 2-3 minuti e... in bocca al lupo!

Sei *B*: sei il direttore dell'azienda e vuoi alcuni chiarimenti sul C.V. di *A*, ma anche altre informazioni. A pagina 157 troverai tutto il materiale di cui hai bisogno.

4 Scriviamo

Scrivete una lettera ad un amico italiano in cui gli parlate del vostro nuovo lavoro (come lo avete trovato, condizioni, ambiente lavorativo, aspetti positivi e non). In alternativa, potete parlare del lavoro che vorreste fare, spiegandone il perché. *(80-120 parole)*

Test finale

L'economia italiana

Il miracolo economico

Dopo la seconda guerra mondiale e fino ai primi anni '50, l'Italia era un paese povero con un'economia basata sull'agricoltura e con poche materie prime*.
Grazie al cosiddetto "piano Marshall" (un progetto di finanziamento degli Stati Uniti per il sostegno e la ripresa economica dell'Europa messa in ginocchio* da tanti anni di guerra), gli italiani hanno realizzato numerose e importanti opere pubbliche (ad esempio, l'autostrada "del Sole" Milano-Napoli) creando così nuovi posti di lavoro, nuovi bisogni e consumi. Le principali aziende italiane hanno potuto rinnovare i loro impianti*, introducendo nuove tecnologie, e agli inizi degli anni '60, grazie anche al basso costo della manodopera*, erano già in grado di esportare* il 40% della loro produzione in Europa: auto, frigoriferi, lavatrici, televisori, ma anche prodotti alimentari e tessili*. Tutti i settori dell'economia, soprattutto quello metalmeccanico e petrolchimico, hanno avuto uno sviluppo senza precedenti.
Il "boom" economico, però, ha accentuato* il già grande squilibrio tra Nord e Sud: decine di migliaia di giovani sono dovuti emigrare verso i centri industriali del Nord. La *Cassa per il Mezzogiorno*, istituita* nel 1950 per favorire lo sviluppo del Sud, non ha potuto risolvere i problemi, purtroppo ancora oggi presenti.

Fondata nel 1899 a Torino da Giovanni Agnelli, la *FIAT* (Fabbrica Italiana Automobili Torino), è sempre stata protagonista dell'economia italiana. Pian piano è diventata un colosso economico, importantissimo a livello mondiale, al quale oggi appartengono, tra l'altro, la *Ferrari*, l'*Alfa Romeo*, la *Lancia*, la *Maserati* e la *Piaggio*.
È grazie ai modelli economici della FIAT, come la 500, che gli italiani cominciano negli anni '50 a riempire le autostrade nei weekend: segno di una società in trasformazione.

Il primo segnale del "boom" è la vasta diffusione della *Vespa*, presto diventata un vero e proprio simbolo dell'Italia e del *Made in Italy*.

L'economia oggi

L'Italia è oggi uno dei paesi più sviluppati al mondo. Grazie alla loro creatività, gli italiani esportano con grande successo i loro prodotti in tutto il mondo. Il *Made in Italy* si è affermato in quasi ogni settore dell'economia: dai macchinari industriali e dalle automobili (*FIAT*, *Ferrari*, *Alfa Romeo*) alle motociclette (*Aprilia*, *Piaggio*, *Ducati*); dagli elettrodomestici* (*Zanussi*, *Candy*, *Ariston*) alle assicurazioni (*Generali*); dai mobili, famosi per il loro design, agli pneumatici* (*Pirelli*). Inoltre, tantissimi prodotti alimentari: caffè (*Lavazza*, *Illy*), dolci (*Ferrero*, *Algida*), pasta (*Barilla*), formaggi, salumi, frutta, olio, vino ecc. E, infine, non dimentichiamo la moda: numerose sono le grandi aziende italiane, famosissime nel mondo, che producono capi di abbigliamento, calzature e accessori di alta qualità.
Il settore dei servizi* è molto sviluppato e occupa più del 60% della popolazione. Comprende, tra l'altro, le telecomunicazioni, uno degli elementi più attivi dell'economia italiana: società come la *Telecom Italia* e la *Fininvest* (quest'ultima di proprietà della famiglia Berlusconi) sono tra le più grandi d'Europa. Molto importante per l'economia italiana è, infine, il turismo: oltre 100 milioni sono gli stranieri che ogni anno visitano il *Belpaese*: non solo per ammirare i tesori d'arte e le bellezze naturali ma anche per visitare importanti fiere* commerciali.

1. Il miracolo economico italiano:
- [ ] a. ha avuto inizio subito dopo la guerra
- [ ] b. è stato possibile grazie agli europei
- [ ] c. si è verificato soprattutto al Nord
- [ ] d. è stato possibile grazie alle ricche risorse naturali

2. Il *Made in Italy* si riferisce soprattutto:
   - ☐ a. ai prodotti agricoli
   - ☐ b. ai prodotti industriali
   - ☐ c. alle telecomunicazioni
   - ☐ d. al turismo

3. La *FIAT*:
   - ☐ a. è un simbolo dell'industria italiana
   - ☐ b. ha pochi anni di vita
   - ☐ c. è grande, ma solo a livello europeo
   - ☐ d. ha prodotto sempre e solo macchine costose

Il marchio del portale www.italia.it, realizzato per promuovere l'immagine dell'Italia nel mondo.

L'Italia lascia il segno

Il *Made in Italy*

1. Quali di queste marche italiane conoscete? Sapete a quali prodotti corrispondono? Scambiatevi informazioni.
2. Riferite altre marche italiane che hanno una forte presenza nel vostro paese.
3. Quali sono, secondo voi, i segreti del successo mondiale del *Made in Italy*?

Attività online

Glossario: materie prime: sostanze che si trovano in natura (petrolio, ferro, legno ecc); mettere in ginocchio: mettere in crisi, in difficoltà; impianto: insieme degli edifici e dei macchinari necessari per il funzionamento di un'industria; manodopera: il lavoro umano; esportare: vendere i propri prodotti all'estero, in altri Paesi; tessile: relativo alla produzione di stoffe, abiti e così via; accentuare: mettere in evidenza; istituire: fondare; elettrodomestico: apparecchio elettrico che si usa in casa (frigorifero, televisore ecc.); pneumatico: la gomma di un veicolo; servizi: il settore terziario (il commercio, i trasporti, le telecomunicazioni ecc.) di un Paese; fiera: esposizione, salone, mostra-mercato.

Autovalutazione

Che cosa ricordate delle unità 1 e 2?

1. Abbinate le frasi.

1. Com'è il tuo inglese? b
2. Katia ha trovato lavoro alla Fiat. d
3. Scusami, tesoro! a
4. È impossibile! c

a. Non importa!
b. Ottimo!
c. Dai, non vedere tutto nero!
d. Davvero?!

2. Sapete...? Abbinate le due colonne.

1. chiedere il perché a
2. esprimere sorpresa d
3. augurare buona fortuna c
4. chiudere una lettera b

a. Come mai?
b. Cordiali saluti.
c. In bocca al lupo!
d. Caspita!

3. Completate o rispondete.

1. Chi va piano va sano e va lontano
2. Qual è il decennio del "boom economico"? tra gli anni
3. Ti + ne: tene
4. Tre pronomi relativi: il cui il quale le quali che
5. Quali di queste espressioni usereste in una lettera formale? *Caro Sergio, Gentile sig. Albertini, ArrivederLa, Salve, Spettabile Ditta.*

4. Abbinate le parole alle definizioni. Attenzione: ci sono due parole in più!

licenziare concorso colloquio di lavoro frequentare versare assumere disoccupato prelevare promuovere risparmiare

1. incontro per capire se qualcuno è adatto a un posto di lavoro colloquio
2. colui che non ha un lavoro disoccupato
3. mandare via dal posto di lavoro licenziare
4. dare un voto sufficiente ad un esame promuovere
5. mettere soldi da parte risparmiare
6. prendere soldi da un conto bancario prelevare
7. dare un posto di lavoro a qualcuno assumere
8. seguire regolarmente le lezioni frequentare

Verificate le vostre risposte a pagina 154. Siete soddisfatti?

La Mole Antonelliana, Torino

In viaggio per l'Italia

Per cominciare...

1 Discutete in coppia: in quale di queste città/località andreste per...?
a. frequentare l'università, **b.** fare il viaggio di nozze, **c.** trascorrere le vacanze estive, **d.** fare una vacanza studio o culturale, **e.** fare shopping, **f.** lavorare per qualche tempo

2 **Confrontate le vostre idee/preferenze con le altre coppie.**

3 **Ascoltate una prima volta il dialogo: di quali città si parla?** (11)

4 **Ascoltate nuovamente il dialogo e indicate le informazioni presenti.** (11)

1. Andrea pensa di cambiare lavoro.
2. Lo stipendio che gli offrono è altissimo.
3. Secondo Pina, Roma è una città piena di vita.
4. Andrea preferisce Milano a Roma.
5. Per Andrea, un problema di Venezia sono gli spostamenti.
6. Andrea ha già una casa a Venezia.
7. Andrea non può portare a Firenze il suo cane.
8. Alla fine Pina gli consiglia di rimanere a Napoli.

In questa unità...

1. *...impariamo a fare paragoni, a dare giudizi o esprimere preferenze su cose e persone, a prenotare una camera in un albergo, a chiedere e dare informazioni turistiche, il lessico relativo ai servizi alberghieri;*
2. *...conosciamo la comparazione, il grado dell'aggettivo, i verbi* farcela *e* andarsene*, gli aggettivi e i sostantivi geografici;*
3. *...troviamo informazioni sulle città italiane più importanti.*

A È più grande di Napoli!

11

1 **Le battute di Pina sono in ordine, ma quelle di Andrea no! Potete numerarle secondo un ordine logico? Poi riascoltate il dialogo per verificare le vostre risposte.**

Pina: Ma cosa c'è da pensare ancora?! È un ottimo posto di lavoro!

Pina: Ma quali altre città ti hanno proposto?

Pina: Beh, io direi Roma. È più grande di Napoli, ricca di bellissimi monumenti...

Pina: E di Milano cosa ne pensi? È una grande città, moderna, europea, vivace.

Pina: ...Allora, se non puoi fare a meno del mare, forse a Venezia ti sentirai come a casa tua.

Pina: Già. Allora, non ti resta che Firenze: meno impersonale delle altre e poi, dai, è bellissima, una città d'arte.

Pina: Se la pensi così, allora rinuncia a questo lavoro. Sai come si dice: "Casa, dolce casa"...

☐ *Andrea:* Dici? No no, Venezia è fredda quanto Milano: guarda che poi spostarsi d'inverno con i vaporetti non è il massimo!

☐ *Andrea:* Sì, ma è anche meno ospitale di Napoli.

☐ *Andrea:* Mah... Secondo me, è più frenetica che vivace. E poi mi mancherebbe il mare.

☐ *Andrea:* Roma, Milano, Firenze e Venezia. Forse per questo non riesco a decidermi.

☐ *Andrea:* Bella sì, ma anche una delle città più care d'Italia! Per di più, d'inverno fa un freddo cane! No, no, grazie tante!

☐ *Andrea:* Eh, lo so, anche lo stipendio è altissimo. Il problema è che questa catena alberghiera non è ancora presente a Napoli che, per me, è la città più bella del mondo.

2 **Scegliete l'affermazione giusta.**

Cosa intende Andrea quando dice:

"fa un freddo cane" ☑ a. fa molto freddo, ☐ b. fa un freddo sopportabile

"non è il massimo" ☐ a. non è la cosa più importante, ☑ b. non è la cosa migliore

Cosa intende Pina quando dice:

"se non puoi fare a meno del mare" ☑ a. se non puoi vivere senza il mare, ☐ b. se non sopporti il mare

"ti sentirai come a casa tua" ☐ a. sarà facile trovare una casa, ☑ b. sarà facile abituarsi

"Già" ☑ a. comprende il punto di vista di Andrea, ☐ b. ha già sentito ciò che dice Andrea

"non ti resta che..." ☑ a. l'unica alternativa è, ☐ b. manca ancora poco tempo

3 **Il giorno dopo Pina discute con Carla. Completate il loro dialogo con:** ***più, meno, più, quanto, di*.**

Carla:	Alla fine Andrea ha accettato quella proposta di lavoro o no?
Pina:	È ancora indeciso, perché non ce la fa a vivere lontano da Napoli.
Carla:	Non gli piacerebbe andare nemmeno a Roma?
Pina:	No, perché crede che sia (1)...meno... ospitale di Napoli.
Carla:	Forse è vero, ma è certo più viva (2)...di... tante altre città. Parlo di Milano, Venezia, per esempio...
Pina:	Queste città Andrea nemmeno le prende in considerazione! Dice che Venezia la trova tanto fredda (3)...quanto... Milano.
Carla:	Può darsi, ma sicuramente è (4)...più... tranquilla. Poi? Può scegliere tra altre città?
Pina:	Ci sarebbe Firenze, ma per lui è tra le città (5)...più... care d'Italia, il che forse è vero.
Carla:	Secondo me sono tutte scuse perché in fondo non se ne vuole andare da Napoli!
Pina:	Ma così rischia di perdere la migliore occasione della sua vita!

4 **Abbiamo appena letto** "non *ce la fa* a vivere lontano da Napoli" **e** "non *se ne vuole andare* da Napoli"**. Capite il significato di questi verbi? In Appendice, a pagina 151, potete vedere come si coniugano.**

➥ 1

5 **Immaginate di essere Andrea: scrivete un'e-mail ad un amico per chiedere consigli sulla decisione da prendere.** ***(50-60 parole)***

6 **Quali parole usiamo per fare un confronto? Osservate la conversazione al punto 3 e completate la tabella che segue.**

Comparazione tra due nomi o pronomi

Laura è **più** gentile .... Saverio. Lui studia **più di** te.	(*comparativo di maggioranza*)
Parma è .... grande **di** Roma. Io ho mangiato **meno di** te.	(*comparativo di minoranza*)
Noi siamo (**tanto**) bravi **quanto** loro. Ferrara è (**così**) piccola **come** Perugia.	(*comparativo di uguaglianza*)

7 **Osservando la scheda precedente ed il modello, costruite delle frasi orali.**

Tina / magra / Daria.
Tina è più magra di Daria. / Tina è meno magra di Daria. / Tina è magra quanto Daria.

1. Le ragazze / leggono / i ragazzi.
2. Questa casa / costa / la nostra.
3. I documentari / interessanti / i telegiornali.
4. Le gonne / comode / i pantaloni.
5. La macchina di Elisa / veloce / la mia.
6. Beatrice / carina / sua sorella.

2 - 5

8 **Lavorate in coppia: ognuno, guardando la tabella, dovrà fare un'osservazione** (ad es. "La Sicilia è più grande della Sardegna", o "Milano ha meno abitanti di Roma", oppure "La Toscana è grande quasi quanto l'Emilia Romagna") **mentre l'altro controlla l'esattezza delle informazioni.**

regione	superficie	abitanti
Lombardia	23.857 kmq	8.900.000
Veneto	18.364 kmq	4.370.000
Emilia Romagna	22.124 kmq	3.940.000
Toscana	22.992 kmq	3.600.000
Lazio	17.203 kmq	5.100.000
Campania	13.595 kmq	5.700.000
Sicilia	25.709 kmq	5.100.000
Sardegna	24.090 kmq	1.640.000

capoluogo	abitanti
Milano	1.520.000
Venezia	330.000
Bologna	440.000
Firenze	440.000
Roma	2.900.000
Napoli	1.216.000
Palermo	720.000
Cagliari	223.500

Quali altre regioni e città italiane conoscete?

B Più italiana che torinese!

1 **In ogni Paese, tra le varie città o zone esistono differenze culturali, di mentalità ecc. Nel vostro che differenze ci sono? Parlatene in coppia.**

2 **Leggete il testo e indicate le affermazioni corrette.**

Le differenze che ci uniscono

Abbiamo chiesto ad alcuni noti personaggi la loro opinione sull' "altra metà del paese": a quelli del Nord cosa pensano del Sud e viceversa. Ecco cosa ci hanno risposto:

Massimo Cacciari, ex sindaco di Venezia: "Amo tutto il Sud. Sono pazzo di Agrigento, Castel del Monte, la bellissima costiera Amalfitana. D'altra parte adoro la mozzarella di Caserta. In un mio menù ideale metterei più piatti meridionali che settentrionali."

Maria Teresa Ruta, giornalista tv, nata a Torino: "Io sono torinese, mia madre è di origini calabresi, mio padre è piemontese, ma ha sangue siciliano. Ho parenti sparsi lungo tutta la penisola. Quindi mi sento più italiana che torinese!"

Lina Sastri, attrice e scrittrice: "Sono una calabrese che adora Bologna. Ci vado spesso per lavoro, ma ho anche molti amici. Certo, Bologna non ha il mare, che è una parte di me. Ma ha uno spirito civile che ammiro. Noi meridionali siamo diversi: seguiamo più le emozioni che le leggi."

Luciano De Crescenzo, scrittore, napoletano: "A Milano mi affascinano le auto ferme. In questa città più che guidare si aspetta ai semafori. Quando ci sono andato a vivere, dopo un anno non conoscevo nessuno dei vicini. La mia *privacy* era garantita: non come a Napoli che chiunque mi entrava in casa a ogni ora. Insomma, amo Nord e Sud perché sono così: terribilmente diversi."

tratto da *Donna moderna*

1. Massimo Cacciari preferisce la cucina
   - a. del Nord
   - b. del Sud
   - c. veneziana

2. Maria Teresa Ruta
   - a. non si sente torinese
   - b. ha parenti in tutta Italia
   - c. ha parenti all'estero

3. Lina Sastri
   - a. va spesso in Calabria
   - b. ha una casa sul mare
   - c. si lascia guidare dalle emozioni

4. A Milano Luciano De Crescenzo
   - a. non conosceva nessuno
   - b. non usava mai la macchina
   - c. poteva godere della sua privacy

3 **Sottolineate nel testo la comparazione usata da ciascun personaggio intervistato.**

4 **Osservate la tabella. Che differenze notate rispetto alla comparazione tra nomi e pronomi?**

Comparazione tra due aggettivi, verbi o quantità

- Milano è una città vivace. ⇨ - Secondo me, è **più** frenetica **che** vivace.
- Beppe è molto intelligente. ⇨ - Io, invece, credo che sia **più** furbo **che** intelligente.

- Ti piace guardare la tv o leggere? ⇨ - Mi piace **più** leggere **che** guardare la tv.
- Mi piace il modo in cui insegna. ⇨ - Ma lei **più che** insegnare, recita.

- A casa nostra mangiamo **più** carne **che** verdura.
- Per fortuna leggo **più** libri **che** riviste.

5 **Costruite delle frasi secondo gli esempi di sopra.**

1. Questo chef / famoso / bravo.
2. Tiziana simpatica / attraente.
3. Divertente / imparare l'italiano / (imparare) il tedesco.
4. Alla festa di Carlo c'erano / uomini / donne.
5. Preferisco / stare a casa / uscire con Mario.

6 - 11

6 **Abitanti d'Italia. In coppia cercate di completare i riquadri.**

Torino *torinese*	.... milanese
Piemonte	.... lombardo
Firenze	Venezia ....
Roma	.... emiliano
Napoli	Bologna ....
.... sardo	Toscana ....
.... palermitano	.... molisano
Sicilia	.... calabrese

C Vorrei prenotare una camera.

1 **In base a quali criteri scegliereste un albergo? Come dovrebbe essere? Parlatene.**

2 12 **Ascoltate questa pubblicità e segnate con una X le affermazioni giuste.**

1. L'albergo è	☐ l'Hilton	☐ l'Holiday Inn	☐ il Grand Hotel
2. L'albergo è	☐ di colore verde	☐ immerso nel verde	☐ immenso e verde
3. L'albergo ha	☐ un ottimo ristorante	☐ un ristorante tipico	☐ tre ristoranti
4. L'albergo ha	☐ un grande campeggio	☐ un vantaggio	☐ un grande parcheggio
5. I due ragazzi	☐ sono sposati	☐ sono fidanzati	☐ sono amici

3 13 **Adesso ascoltate un dialogo e sottolineate i servizi menzionati.**

Piccoli animali ammessi — TV satellitare — Accesso internet
Parcheggio — Linea telefonica diretta — Mini bar (frigobar)
Piscina — Palestra — Aria condizionata — Ristorante

4 13 **Ascoltate di nuovo e segnate le affermazioni presenti nella conversazione.**

☐ 1. L'albergo è vicino al Colosseo.
☐ 2. Il signor Rapetti vuole una camera matrimoniale.
☐ 3. L'albergo ha camere con vista sul parco.
☐ 4. La camera 422 è la migliore dell'hotel.
☐ 5. Per gli animali è previsto uno sconto.
☐ 6. Il signor Rapetti chiede indicazioni su come arrivare.

5 **In coppia, cercate di completare con le espressioni che avete sentito. Alla fine riascoltate il dialogo per verificare le vostre risposte e fate il role-play.**

Prenotare una camera	Chiedere informazioni
....	....
....	....

Role-play

_A_ chiama un albergo per prenotare una camera: chiede informazioni sui prezzi, i servizi e altre caratteristiche dell'albergo. _B_ è l'impiegato/a dell'albergo: dà tutte le informazioni richieste cercando di aiutare quanto possibile _A_.

6 **Leggete questi due testi: qual è l'albergo più grande? E il più caro? Il più tranquillo? Quello più vicino alla stazione ferroviaria?**

7 **Rispondete alle domande scambiandovi opinioni con i vostri compagni di classe.**

1. Quale dei due alberghi sceglieresti e perché? Scambiatevi opinioni.
2. Che somiglianze o differenze notate? Parlatene.
3. Vi piace pernottare in albergo? Motivate le vostre risposte.

D Il più bello!

1 **Osservate e completate la tabella che segue.**

Superlativo relativo di aggettivi

- È grande l'albergo?	- Sì, è .... albergo **più grande** della zona.
- L'Italia ha molte belle città.	- Sì, ma Roma è .... **più bella**!
- È difficile questo esercizio?	- No, forse è .... esercizio **meno difficile** dell'unità.
- È antico quel monumento?	- Sì, è .... monumento **più antico** della città.

2 **Costruite delle frasi secondo l'esempio.**

albergo / caro / città.
Questo è l'albergo più caro della città.

1. Alfredo / studente / bravo / classe
2. canzone / bella / Luciano Pavarotti
3. Venezia / città / tranquilla / Italia
4. Gino / impiegato / esperto / azienda

12 e 13

3 **Osservate i fumetti e scegliete la parola giusta per completarli.**

Per me Roma non è semplicemente bella è buonissima/bellissima!

Sì, sono stato male ma ora sto bene, anzi moltissimo/benissimo!

4 **Le parole in blu dell'attività precedente rappresentano il *superlativo assoluto* di un aggettivo e di un avverbio. Lo usiamo per esprimere un giudizio senza fare paragoni con qualcos'altro. In coppia rispondete alle seguenti domande usando il superlativo assoluto.**

1. Ti devi alzare presto domattina?
2. È pesante la tua valigia?
3. Trovi interessante questo libro?
4. Andate spesso al cinema?

14 - 16

5 **Completate il testo con le preposizioni, semplici e articolate.**

FIRENZE

Piazza della Signoria è considerata una "bellezza d'Italia", tra l'altro per la grandezza di *Palazzo Vecchio*, la monumentale *Fontana del Nettuno*, la copia ....(1) *David* di Michelangelo, una ....(2) sue opere migliori, il *Perseo*, capolavoro di Benvenuto Cellini e, infine, il *Ponte Vecchio*. È come visitare una raccolta ....(3) straordinarie opere d'arte. I cittadini passano accanto ....(4) queste meraviglie e quasi non le notano: sono abituati ....(5) cose belle. Gli stranieri restano incantati. Diceva Indro Montanelli, toscano e uno ....(6) maggiori giornalisti italiani: "Dei fiorentini bisogna salvare almeno un carattere, quello dell'amore che hanno ....(7) loro città. Ma io amavo la Firenze vecchia, la città medievale ....(8) stradine strette e le botteghe degli artigiani aperte sulla via. Che non cerco ....(9) ritrovare perché ormai non c'è più." Sono parole piene ....(10) malinconia, ma le cose sono cambiate ovunque e certe atmosfere sono sempre più difficili ....(11) scoprire, specialmente in un ambiente storico come questo: si cammina, si vive come tra le pagine di un manuale di architettura. Solo che ....(12) tetti dei palazzi ci sono ormai le antenne della televisione.

adattato da *I come italiani* di Enzo Biagi

6 **Nel primo paragrafo del testo precedente si fa riferimento ad alcuni famosi tesori d'arte di Firenze. Sapreste abbinarli alle foto?**

....

....

....

....

7 **Sempre nel testo su Firenze abbiamo letto** "una delle sue opere ***migliori***" **e** "uno dei ***maggiori*** giornalisti italiani". **Completate le frasi.**

Forme particolari di comparazione

Questo dolce è **più buono** di quello.	⇨	È sicuramente .... di quello.
La tua idea è **più cattiva** della mia.	⇨	È **peggiore** della mia.
Questo è il suo problema **più grande**.	⇨	È il suo problema ....
La mia sorella **più piccola** si chiama Ada.	⇨	Ada è la mia sorella **minore**.
ma anche:		
I guadagni sono stati **più alti** del previsto!	⇨	Sono stati **superiori al** previsto.
I risultati sono **più bassi** delle aspettative.	⇨	Sono **inferiori alle** aspettative.

Forme particolari di superlativo (ad es. *ottimo*) in Appendice a pagina 152.

8 **Osservando la tabella precedente completate le frasi.**

1. Questo programma non è tanto interessante, ma è sicuramente .... di quello che guardavi prima.
2. Oggi la qualità della vita è ..superiore.. a quella di 50 anni fa.
3. La situazione qua è ..peggiore.. di quella che mi aspettavo: non vedo l'ora di andarmene.
4. Quest'anno il numero di incidenti è stato ~~superiore~~ minore a quello dell'anno scorso grazie alle misure speciali prese dalla polizia stradale.
5. Le mie responsabilità sono ..superiore.. delle tue poiché io sono più grande.
6. Nino ha due anni meno di me: è il mio fratello ..minore..

17 e 18

E Vocabolario e abilità

1 **Descrivete e commentate queste due foto.**

2 **Di seguito ci sono parole relative agli alberghi, ai viaggi in genere e ad entrambe le categorie. Lavorando in coppia inseritele nei riquadri corrispondenti.**

soggiorno pernottamento ricevimento biglietto prenotazione volo arrivo partenza stazione porto aeroporto bagagli sistemazione cameriere passeggero camera passaporto guida meta agenzia di viaggi alloggio

3 **Ascolto** Quaderno degli esercizi (p. 117)

4 **Situazioni**

Role-play

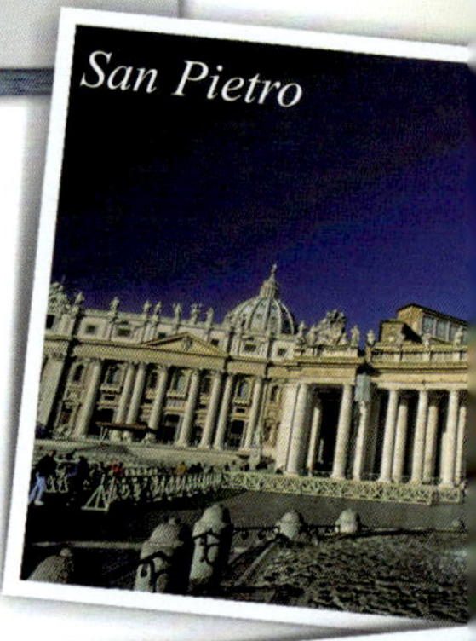

1. Descrivi la tua città ad un amico italiano che non ci è mai stato: cosa ti piace di più e cosa di meno, i luoghi che dovrebbe vedere o in cui sarebbe bello trascorrere qualche serata con gli amici. Un tuo compagno, nella parte dell'amico italiano, ti fa delle domande per saperne di più.
2. **Sei *A*** e vai in un'agenzia di viaggi per chiedere informazioni su un viaggio in Italia: a pagina 155 troverai alcune delle domande che puoi formulare. **Sei *B*** e lavori in un'agenzia di viaggi. A pagina 158 troverai un'offerta che potrebbe essere... quasi perfetta per *A* e possibili risposte alle sue domande.

5 **Scriviamo**

1. Un tuo amico italiano pensa di trascorrere le vacanze nel tuo Paese, ma in un periodo in cui tu non ci sarai. Chiede il tuo consiglio su cosa fare, dove andare, quali città e monumenti visitare. La tua risposta deve essere invitante come una brochure pubblicitaria. *(100-120 parole)*
2. Dopo un soggiorno deludente in un albergo di Firenze scrivi una lettera al direttore in cui esponi i problemi che hai affrontato ed esprimi un giudizio negativo sull'ospitalità, la professionalità del personale e la qualità dei servizi in genere. *(100-120 parole)*

Test finale

La Fontana di Trevi

Il Pantheon

Città italiane

Roma

La città eterna*, e centro del più grande impero* dell'antichità, è capitale d'Italia dal 1871. Si estende sulle due rive del fiume Tevere e oggi conta circa tre milioni di abitanti. Sono sempre tantissimi i turisti che la visitano ogni anno per ammirarne gli splendidi tesori d'arte: forse, è proprio vero che "tutte le strade portano a Roma" come si dice da più di duemila anni.

Oggi è una metropoli moderna e, soprattutto nelle ore di punta, è preferibile spostarsi con la metropolitana, che permette di raggiungere facilmente quasi tutte le zone della città. Inoltre, agli autobus è permesso l'accesso* alle zone chiuse al traffico ordinario.

Tra gli innumerevoli monumenti sparsi per la città, particolare riferimento meritano:

- il **Foro Romano** e il **Palatino**, centri religiosi, politici e commerciali della Roma antica. Vi si trovano le rovine di numerosi templi*, palazzi degli imperatori romani e tanti altri edifici dell'epoca antica;
- il **Colosseo**, o Anfiteatro Flavio (80 d.C.), era il simbolo della città antica e tanto grande da ospitare, durante gli spettacoli che vi si organizzavano, ben 50.000 spettatori;

Il Colosseo

- **Piazza Navona**, isola pedonale*, è uno dei punti di ritrovo più piacevoli e animati* di Roma. Al centro si trova la *Fontana dei quattro Fiumi*, capolavoro del Bernini;
- **Piazza di Spagna**, frequentatissima da turisti e giovani, deve il suo nome al Palazzo di Spagna, antichissima sede dell'ambasciata spagnola. L'enorme *scalinata* porta alla chiesa di *Trinità dei Monti*;

Il Vittoriano

- la **Fontana di Trevi**, grandioso e bellissimo monumento di Nicola Salvi. I turisti per antica tradizione vi gettano una moneta, sperando così di fare ritorno un giorno a Roma;
- la **Basilica di San Pietro** è la più grande chiesa del mondo. La sua enorme piazza è circondata* dal maestoso* *Portico* del Bernini. Al suo interno possiamo ammirare la *Pietà* di Michelangelo. Da visitare i *Musei Vaticani* con la *Cappella Sistina* e le *Stanze di Raffaello*. La basilica è situata al centro della Città del Vaticano, il più piccolo stato indipendente del mondo.

Altri monumenti importanti di Roma sono il *Campidoglio*, il *Vittoriano*, il *Pantheon*, *Castel Sant'Angelo*, le *catacombe**, le *Terme** *di Caracalla* e tanti altri.

Glossario: eterno: che ha avuto inizio, ma non avrà una fine; impero: insieme di Paesi governati da un re che ha il titolo di imperatore; accesso: entrata; tempio: edificio in cui si svolgono le pratiche religiose; pedonale: spazio riservato a coloro che camminano a piedi; animato: pieno di vita; circondato: limitato tutt'intorno; maestoso: tanto grande da impressionare; catacomba: galleria sotterranea usata dai primi cristiani come cimitero e come luogo per incontrarsi e pregare; terme: nell'antica Roma, edifici pubblici con piscine, per bagni caldi o freddi, palestre e così via.

1. Roma:
- [ ] a. è la capitale d'Italia da duemila anni
- [ ] b. è piena di tesori d'arte
- [ ] c. non dispone del metrò
- [ ] d. è una città tranquilla

2. Un luogo in cui gli stessi romani si danno appuntamento è:
- [ ] a. il Colosseo
- [ ] b. Piazza Navona
- [ ] c. il Foro Romano
- [ ] d. Piazza San Pietro

3. Roma è:
- [ ] a. il centro dell'economia italiana
- [ ] b. il più piccolo stato indipendente del mondo
- [ ] c. una città "museo"
- [ ] d. circondata da fiumi

Piazza di Spagna e Trinità dei Monti

Milano

È la città italiana più europea. Ricca e moderna, è il capoluogo finanziario d'Italia. Infatti, oltre alla sua fertile* economia (l'industria, il commercio, la moda), è sede di grandi banche e aziende italiane edestere, ospita la Borsa Valori e la sua Fiera è conosciuta a livello mondiale.

La città ha un efficiente servizio di trasporto pubblico: oltre agli autobus e al tram, i milanesi hanno a loro disposizione anche la metropolitana. Nonostante ciò il traffico è inevitabile e molti milanesi preferiscono trasferirsi in centri urbani intorno a Milano.

Il monumento più rappresentativo di Milano è senz'altro il *Duomo*, di stile gotico*, una delle più grandi e belle cattedrali del mondo. La sua *Piazza* e la vicina *Galleria Vittorio Emanuele II*, sono i punti d'incontro dei milanesi. Altri monumenti importanti sono il *Teatro alla Scala*, uno dei più celebri teatri lirici del mondo, e il *Castello Sforzesco*, un tempo residenza* dei duchi di Milano. Infine chi visita Milano ha l'occasione di ammirare dal vivo il *Cenacolo* (o l'*Ultima Cena*) di Leonardo da Vinci che si trova nel convento della *Chiesa S. Maria delle Grazie*.

Un Naviglio

Bologna

Sede della prima università del mondo (dal 1088!), è la capitale gastronomica* d'Italia: rinomata per la sua grande varietà di salumi e la buona cucina. Ha mantenuto, almeno al centro, la sua architettura medievale*, anche se delle oltre duecento torri ne sono rimaste pochissime, di cui le più famose sono quelle pendenti della *Garisenda* e degli *Asinelli* (100 m, 486 scalini). La *Chiesa di San Petronio*, *Piazza Maggiore* e *Piazza del Nettuno* completano il centro storico. Sotto i portici*, bolognesi, turisti e numerosi studenti vanno a spasso per gli eleganti negozi e i tanti caffè di questa tranquilla e, al tempo stesso, vivace città.

San Petronio

Glossario: fertile: che produce, ricco; gotico: stile artistico diffuso in Europa tra il XII e il XIV secolo; residenza: luogo, edificio in cui si abita; gastronomico: che riguarda l'arte di cucinare; medievale: che si riferisce al Medioevo, periodo compreso tra il 476 e il 1492; portico: colonnato.

A quale città corrisponde ogni affermazione?

1. Ci vivono molti studenti.
2. È famosa per la sua cucina.
3. Uno dei suoi problemi è il traffico.
4. Ha un carattere internazionale.
5. È moderna, nonostante i tanti palazzi antichi.
6. Vanno in scena molti spettacoli di Opera.

Milano	Bologna

Venezia

La "Serenissima" è una città costruita sull'acqua, cioè su circa 120 piccole isole divise da 160 canali e collegate tra loro da 350 ponti! Tra questi i più suggestivi* sono il famoso *Ponte dei Sospiri*, chiamato così perché i condannati (tra cui anche Giacomo Casanova) ci passavano sopra sospirando, e il *Ponte di Rialto* che, con le sue splendide botteghe, attraversa il *Canal Grande*.

Milioni di turisti ogni anno restano incantati* da questa città e dai suoi tesori d'arte che rischiano di finire sott'acqua, poiché Venezia "affonda" lentamente (mezzo centimetro all'anno). In *Piazza San Marco*, cuore del meraviglioso Carnevale, sorge la *Basilica di San Marco* (1073), il più alto esempio di arte veneto-bizantina anche se in seguito ulteriori interventi hanno lasciato tracce di altri stili (romanico, gotico, rinascimentale). Proprio accanto si può ammirare il Palazzo Ducale, simbolo della gloria* veneziana e residenza del Doge, cioè il capo dell'antica Repubblica marinara di Venezia.

Napoli

"Vedi Napoli e poi muori" si diceva una volta. Fondata dai greci nel V secolo a. C. con il nome *Neapolis* (città nuova), è la più importante città dell'Italia del Sud. Situata su un grande golfo, ai piedi del vulcano Vesuvio, è stata per sei secoli la capitale del Regno* di Napoli; di questo periodo glorioso ci rimangono testimonianze artistiche molto importanti. *Castel Nuovo* o *Maschio Angioino* (1282) e il *Teatro San Carlo* sono tra i monumenti più celebri. Napoli è una città affascinante, viva e divertente, dove si mangia bene; la gente, aperta e cordiale, parla il dialetto italiano certamente più musicale. D'altra parte, però, questa città affronta gravi problemi, legati alla disoccupazione e alla criminalità.

Il Golfo di Napoli

Il Canal Grande

A quale città corrisponde ogni affermazione?

1. Le sue origini sono molto antiche.
2. Non circolano quasi per niente auto.
3. Ha avuto a lungo un re.
4. In futuro forse non sarà più la stessa.
5. Più di duemila anni fa era abitata dai greci.
6. Ha molti problemi da risolvere.

Venezia	Napoli

Glossario: suggestivo: emozionante, affascinante; incantato: stupiti, meravigliati, affascinati; gloria: fama, successo, orgoglio; regno: stato, territorio che è sotto l'autorità, il governo di un re.

Attività online

Autovalutazione
Che cosa ricordate delle unità 2 e 3?

1. Sapete...? Abbinate le due colonne.

1. cominciare una lettera
2. fare paragoni
3. esprimere un giudizio
4. chiedere il perché
5. fare una prenotazione

a. Per quale motivo l'hai fatto?
b. Vorrei una camera doppia.
c. È più intelligente di me.
d. Egregio Dottor Masi...
e. Ottima idea!

2. Abbinate le frasi. Nella colonna a destra c'è una frase in più.

1. Che tempo fa da voi?
2. Ami molto lo sport, no?
3. Secondo te, è vero?
4. Sai, io ho molti hobby!
5. Marta è molto ospitale.

a. Tipo?
b. Un freddo cane!
c. Sì, ti fa sentire come a casa tua.
d. No, sono tutte scuse!
e. Non posso farne a meno!
f. Per me non è il massimo.

3. Completate o rispondete.

1. Roma ha circa .... di abitanti mentre Milano circa ....
2. Il *Ponte di Rialto* di trova a .... e *Piazza della Signoria* a ....
3. Camera a due letti: ....
4. Il superlativo assoluto di *grande* e di *male*: ....
5. Quali parole usiamo per confrontare due aggettivi? ....

4. Completate le frasi con le parole mancanti.

1. La maggior parte dei t...................... non possono permettersi un a...................... a quattro stelle.
2. Con questa carta di c...................... puoi avere uno s...................... del 20% in molti negozi.
3. Abbiamo perso il v...................... per Londra perché avevamo dimenticato i b...................... a casa!
4. Per fortuna la mia a...................... di viaggi mi ha consigliato di p...................... molto prima.
5. Dopo quel c...................... di lavoro ha trovato un buon p...................... in banca.

Verificate le vostre risposte a pagina 154.
Siete soddisfatti?

Castello Miramare, Trieste

Un po' di storia

Per cominciare...

1 **Facciamo un veloce test di storia? Abbinate le illustrazioni al periodo storico.**

a. 1920 **b.** 1860 **c.** Rinascimento (1500) **d.** Medioevo **e.** Roma Antica

2 **Cosa sapete dell'Antica Roma? Secondo voi, quali di queste parole sono relative a quel periodo?**

conquistare, repubblica, invadere, impero, favola, parlamento, monarchia

15 **3** **Ascoltate una prima volta il dialogo e verificate le vostre ipotesi.**

15 **4** **Ascoltate di nuovo e indicate le affermazioni corrette.**

1. Dopo la fondazione di Roma
   - a. Romolo uccise Remo
   - b. Remo uccise Romolo
   - c. Romolo diventò imperatore
   - d. Romolo diventò dittatore

2. All'inizio Roma era
   - a. un impero
   - b. una monarchia
   - c. una penisola
   - d. un villaggio

3. Giulio Cesare è stato
   - a. il primo dittatore di Roma
   - b. il primo imperatore di Roma
   - c. un generale di Roma
   - d. la persona più odiata di Roma

4. Fu un bravo imperatore
   - a. Augusto
   - b. Caligola
   - c. Nerone
   - d. Marco Aurelio

In questa unità...

1. *...impariamo a raccontare eventi storici o lontani nel passato, a precisare quanto affermato, a contraddire qualcuno;*
2. *...conosciamo il passato remoto, il trapassato remoto e gli avverbi di modo;*
3. *...troviamo alcune informazioni sulla storia d'Italia, dall'antichità ai nostri giorni.*

A Chi fondò Roma?

15 **1** **Ascoltate e leggete il dialogo per verificare le vostre risposte all'attività precedente.**

Carletto: Papà, la maestra ci ha parlato un po' dell'antica Roma, ma non ho capito bene chi la fondò.

papà: Dai che lo sai già! La fondarono Romolo e Remo, ma poi Romolo litigò con suo fratello e lo uccise.

Carletto: Cioè Romolo fu anche il primo presidente di Roma?

papà: Facciamo un po' di ordine! Allora, all'inizio Roma era solo un villaggio, poi con il tempo i Romani sconfissero gli altri popoli della penisola e diventarono una potenza militare.

Carletto: Ho capito. E chi fu il primo imperatore di Roma, Cesare?

papà: No, per parlare di Cesare e dell'Impero Romano bisognerà aspettare ancora molti secoli. Prima ci furono i famosi sette re, poi da monarchia Roma divenne una Repubblica e conquistò quasi tutta l'Europa e parte dell'Asia e dell'Africa. Giulio Cesare, che era uno dei più grandi generali romani, alla fine diventò anche dittatore.

Carletto: Un dittatore! Allora era proprio cattivo!

papà: Non proprio! Anzi il popolo lo amava molto ma, forse proprio per questo, alcuni senatori lo uccisero.

Carletto: E dopo chi diventò imperatore?

papà: Il primo fu Augusto, uno dei migliori imperatori romani. Però non tutti gli imperatori furono bravi quanto lui; ad esempio, il pazzo Caligola nominò senatore il suo cavallo e Nerone accusò i cristiani dell'incendio che bruciò Roma. Tuttavia, non mancarono imperatori saggi, come Marco Aurelio e altri...

Carletto: Adesso credo di aver capito tutto. Papà, un'ultima domanda: Asterix quando diventò imperatore?!!

2 **Leggete il dialogo e, in coppia, mettete in ordine cronologico gli avvenimenti.**

- 2 Roma diventa una potenza militare.
- 4 Cesare diventa dittatore.
- 6 Augusto diventa imperatore.
- 1 Romolo uccide suo fratello Remo.
- 3 Roma conquista l'Europa e altri territori.
- 5 Alcuni senatori uccidono Cesare.

3 **Il giorno dopo Carletto racconta alla sua maestra tutto ciò che ha imparato, ma confonde un po' (anzi, completamente) nomi e fatti. Completate il dialogo con i verbi dati.**

Carletto: Signora maestra, io so tutto dell'antica Roma! Me l'ha spiegato mio padre!
maestra: Bravo, Carlo! Dai, raccontaci che cosa ricordi.
Carletto: Allora, Romolo tradì Cesare, lo ...uccise... e fondò l'Impero romano. Poi i Romani ...cominciarono... le guerre contro altri popoli, conquistarono l'Asia e l'America e ...fondarono... un giornale, "la Repubblica".
maestra: Carletto, ma cosa dici? Romolo che fonda l'impero, l'America, un giornale! Stai facendo un po' di confusione, mi pare!
Carletto: Cioè non è vero che i senatori ...uccisero... Romolo per invidia?
maestra: Di nuovo lo confondi con Cesare. Di lui ricordi qualcos'altro?
Carletto: Certo: Cesare ...accusò... i cristiani di aver incendiato Roma e nominò senatore Augusto.
maestra: Ragazzi, non date retta a quello che dice Carlo! Adesso vi spiego io come andarono veramente le cose.
Carletto: Ma perché, non è vero che Augusto ...fu... senatore e il peggior nemico di Asterix?
maestra: No, Asterix fu un nemico di Cesare! Ma che dico?!!

cominciarono fu fondarono accusò uccise uccisero

4 **Scrivete un breve riassunto *(40-50 parole)* del dialogo introduttivo.**

....
....
....
....
....
....

5 **Nel dialogo introduttivo abbiamo visto** "Roma *conquistò* quasi tutta l'Europa" **e** "i Romani ... *diventarono* una potenza militare". **Provate a completare la tabella che segue.**

Il passato remoto (verbi regolari)

-are	-ere	-ire
and**ai**	cred**ei** (-**etti**)	cap**ii**
and**asti**	cred**esti**	cap**isti**
and......	cred...... (-**ette**)	cap**ì**
and**ammo**	cred**emmo**	cap**immo**
and**aste**	cred**este**	cap**iste**
and............	cred**erono** (-**ettero**)	cap............

Secondo voi, quando si usa il passato remoto? Verificate le vostre ipotesi a pagina 152.

6 **Costruite delle frasi mettendo il verbo tra parentesi al passato remoto.**

1. La Repubblica Romana *(durare)* ben cinque secoli.
2. Loro *(insistere)* tanto che alla fine io *(accettare)*.
3. Dieci anni fa *(partire)* dal suo paese per andare a vivere a Milano.
4. In quel momento voi non mi *(prendere)* sul serio.
5. Quando noi *(arrivare)* in città, in giro non c'era nessuno.
6. Nel 1492 il genovese Cristoforo Colombo *(scoprire)* l'America.

Cristoforo Colombo

1 - 4

B In che senso?

16 **1** **Ascoltate le frasi e completate. Secondo voi, quando possiamo usare queste espressioni?**

a. Non mi va di venire al cinema con te; .... che purtroppo abbiamo gusti diversi.
b. Stefano è un po' indiscreto, ... a volte fa delle domande troppo personali.
c. Allora, ...: ho reagito così perché mi sono sentito offeso.
d. È un tipo strano, ... a volte non gli puoi dire niente che si arrabbia subito.
e. Vittorio ha realizzato il suo sogno, ... una *Ferrari*, anche se di seconda mano.

2 **In coppia formate due frasi usando le espressioni appena incontrate.**

....

....

5

3 Completate il fumetto con le battute date. Attenzione: ce ne sono due in più!

1. Non è vero niente... nel senso che posso spiegare tutto!
2. Che ne dici di una bella partita a scacchi?
3. Ma non finisce qui tra noi, Gallo! Ci incontreremo di nuovo!
4. Eccoli! Sono tornati!
5. Qualcuno può spiegarmi cosa è successo?
6. Ma io feci esattamente quello che mi avevi detto tu, Cesare!

4 **Indicate le affermazioni corrette.**

1. Caius Bonus voleva:
   - a. assassinare Cesare
   - b. procurare a Cesare la pozione magica
   - c. diventare imperatore con l'aiuto di Asterix

2. Cesare:
   - a. non crede alle parole di Asterix
   - b. decide di dare Caius Bonus in pasto ai leoni del Colosseo
   - c. affida a Caius Bonus una missione pericolosa

3. Alla fine:
   - a. Cesare lascia andare i due Galli
   - b. Cesare e Asterix diventano amici del cuore
   - c. Cesare e Asterix si danno appuntamento a Roma

5 **Nell'attività precedente abbiamo incontrato forme come** "io *feci* esattamente quello che mi avevi detto tu"**. Completate la tabella con:** *diede, fu, dicesti, feci*.

Verbi irregolari (I)

avere	**essere**	**dare**
ebbi	fui	diedi (detti)
avesti	fosti	desti
ebbe	....	.... (dette)
avemmo	fummo	demmo
aveste	foste	deste
ebbero	furono	diedero (dettero)
dire	**fare**	**stare**
dissi	....	stetti
....	facesti	stesti
disse	fece	stette
dicemmo	facemmo	stemmo
diceste	faceste	steste
dissero	fecero	stettero

Altri verbi irregolari in Appendice a pagina 152.

6 **Completate le frasi con le forme verbali del punto 5.**

1. Ormai, dopo tanti anni, so bene che io .... male ad accettare la tua proposta.
2. Quel giorno .... una grande fortuna a incontrarti!
3. Quando sentii quelle parole gli .... un bacio.
4. Al concerto c'era tanta gente che Carla e Andrea .... in piedi tutta la sera.
5. Gli .... che lo avrei chiamato, però me ne dimenticai.

6 - 9

C C'era una volta...

1 **Completate la favola, scegliendo la parola opportuna tra quelle proposte in basso.**

A sbagliare le storie

- C'era una volta una bambina che .....(1)..... Cappuccetto Giallo.
- No, Rosso!
- Ah, sì, Cappuccetto Rosso. La sua mamma la chiamò e .....(2)..... disse: Senti, Cappuccetto Verde...
- Ma no, Rosso!
- Ah, sì, Rosso. Vai dalla zia Diomira a portarle questa buccia di patata.
- No: vai dalla nonna a portarle questa focaccia.
- Va bene: La bambina andò .....(3)..... bosco e incontrò una giraffa.
- Che confusione! Incontrò un lupo, non una giraffa.
- E il lupo le domandò: Quanto .....(4)..... sei per otto?
- Niente affatto. Il lupo le chiese: .....(5)..... vai?
- Hai ragione. E Cappuccetto Nero rispose...
- Era Cappuccetto Rosso, rosso, rosso!
- Sì, e rispose: vado al mercato a comprare la salsa di pomodoro.
- Neanche per sogno: vado dalla nonna che è malata, ma non .....(6)..... più la strada.
- Giusto. E il cavallo disse...
- .....(7)..... cavallo? Era un lupo.
- Sicuro. E disse così: Prendi il tram numero 33, scendi in piazza del Duomo, ...(8)..... a destra, troverai tre scalini e un soldo per terra; lascia stare i tre scalini, prendi il soldo e comprati una gomma da masticare.
- Nonno, tu non sai proprio raccontare le storie, le sbagli .....(9)..... Però la gomma da masticare .....(10)..... compri lo stesso.
- Va bene: eccoti il soldo! E il nonno tornò a leggere il suo giornale...

da *Favole al telefono* di Gianni Rodari

1.	☐ a. si chiamò	☐ b. si chiamava	☐ c. era
2.	☐ a. le	☐ b. la	☐ c. si
3.	☐ a. nel	☐ b. sul	☐ c. in
4.	☐ a. costa	☐ b. è	☐ c. fa
5.	☐ a. Come	☐ b. Dove	☐ c. Quanto
6.	☐ a. so	☐ b. quando	☐ c. cammino
7.	☐ a. Chi	☐ b. Quale	☐ c. Quello
8.	☐ a. gira	☐ b. torna	☐ c. sali
9.	☐ a. alcune	☐ b. molte	☐ c. tutte
10.	☐ a. se la	☐ b. me la	☐ c. te la

2 **Quali espressioni usa la bambina per contraddire quello che dice il nonno?**

3 **Nel testo ci sono alcuni verbi irregolari al passato remoto. Sottolineateli.**

4 **I verbi che al passato remoto presentano delle irregolarità (1ª e 3ª persona singolare, 3ª plurale), seguono però dei modelli comuni. In base a questa osservazione cercate di completare la tabella.**

Verbi irregolari (II)

molti verbi in *-dere* e *-ndere*

verbo	*io*	*tu*	*lui/lei/Lei*	*noi*	*voi*	*loro*
chiedere	**chiesi**	chiedesti	**chiese**	chiedemmo	chiedeste	**chiesero**
chiudere	**chiusi**	chiudesti		chiudemmo		
decidere	**decisi**					
prendere	**presi**	prendesti	**prese**	prendemmo	prendeste	**presero**
rispondere	**risposi**					

in *-ncere* e *-ngere*

vincere	**vinsi**	vincesti	**vinse**	vincemmo	vinceste	**vinsero**
convincere	**convinsi**					
piangere	**piansi**					

in *-gliere*

scegliere	**scelsi**	scegliesti	**scelse**	scegliemmo	sceglieste	**scelsero**
togliere	**tolsi**					

La lista completa dei verbi irregolari in Appendice a pagina 152.

10 - 12

D E la storia continua...

1 **Lavorate in coppia. Fate l'abbinamento.**

a. *Tempio della Concordia*, Agrigento (V* sec. a. C.)
b. *Palazzo Ducale*, Venezia (XIV sec.)
c. *Castel Nuovo*, Napoli (XIII sec.)
d. *Duomo*, Milano (XIV-XV sec.)

*I numeri romani in Appendice, a pagina 152.

2 **Eravamo rimasti agli imperatori romani! Osservando la linea del tempo che segue, raccontate cos'è successo secondo l'esempio:** "Nel 330 dopo Cristo Costantino trasferì la capitale dell'Impero a Costantinopoli".

- **330** – Costantino trasferisce la capitale dell'Impero Romano a Costantinopoli.
- **410** – I Visigoti, un popolo barbaro, scendono in Italia.
- **455** – Un altro popolo barbaro, i Vandali, distrugge Roma.
- **568** – I Longobardi, popolo germanico, invadono l'Italia e occupano gran parte del Nord.
- **774** – Carlomagno, re dei Franchi, sconfigge i Longobardi.
- **800** – Carlomagno è incoronato a Roma Imperatore del Sacro Romano Impero.
- **XI sec.** – I Normanni cacciano gli Arabi dalla Sicilia e presto diventano signori di tutta l'Italia.
- **1266** – Carlo d'Angiò, fratello del re di Francia, diviene re di Sicilia.
- **XIV sec.** – Molte grandi città si trasformano in Signorie, città-stato indipendenti.

3 **Osservate queste frasi e completate la tabella.** 13 e 14

Dopo che i Franchi **ebbero sconfitto** i Longobardi, Carlomagno divenne imperatore.
Dopo che la famiglia dei Medici **fu salita** al potere, Firenze cominciò a fiorire.

Il trapassato remoto

Cambiai idea dopo che mi **ebbero raccontato** tutto.

Solo quando i giornalisti .... **entrati**, il presidente iniziò a parlare.

Il *trapassato remoto* si usa raramente in frasi introdotte da **quando**, **dopo che**, **non appena**, **appena (che)**; esprime un'azione avvenuta prima di un'altra espressa con il *passato remoto*.

15 e 16

4 **Leggete i due testi e abbinate le affermazioni a quello corrispondente.**

Perugia, Palazzo comunale e Fontana maggiore

A

I Comuni

Dopo l'anno Mille, la piazza divenne il nuovo centro vitale delle città: nelle piazze principali di molte città italiane si trovano ancor oggi la cattedrale e i palazzi del potere cittadino.
In questo periodo le invasioni barbariche cessarono e, grazie alla ripresa del commercio, le città lentamente si svilupparono e diventarono Comuni, con consoli eletti direttamente dai cittadini.
La popolazione era allora divisa in tre classi: i nobili, ricchi proprietari di terra; i "borghesi", la nuova classe formata da mercanti e professionisti; infine, il popolo, cioè contadini e lavoratori che non avevano diritto di voto. La scelta del console, perciò, era ristretta alle famiglie più potenti della città, nobili e in seguito anche borghesi, che spesso entravano in conflitto tra loro.

B

Signorie e Principati

Lorenzo il Magnifico

Nel XIV secolo molti Comuni, già in mano a poche famiglie ricche, videro l'ascesa di un Signore, che divenne capo assoluto della città. Questo potere si trasmetteva di padre in figlio e così i cittadini persero il diritto di eleggere i propri rappresentanti.
I Signori cercavano di espandere il proprio dominio ed erano frequenti guerre sanguinose con le città vicine: l'idea di un'Italia unita era ovviamente molto lontana.
Nello stesso tempo, alcuni Signori amanti della cultura chiamarono nelle loro corti i migliori artisti dell'epoca per abbellire le città di opere d'arte, che ancora oggi è possibile ammirare.
Tra queste famiglie ricordiamo a Firenze quella dei Medici, ricchi banchieri. Lorenzo De' Medici, detto *il Magnifico*, fece di Firenze una vera e propria città-museo. Altre famiglie che accolsero artisti nelle loro corti furono gli Sforza a Milano, gli Este a Ferrara e i Montefeltro a Urbino.

adattato da L'Italia dal Medioevo al Rinascimento

	A	B
1. Le città cominciano a rivivere.		
2. Nasce una nuova classe sociale.		
3. Le famiglie più potenti prendono il controllo.		
4. C'è un periodo di lotte tra le città.		
5. Gli abitanti hanno il diritto di eleggere il capo della città.		
6. Guerre e creazione artistica vanno di pari passo.		

La piazza di San Gimignano

Federico da Montefeltro

5 **Nei due testi precedenti abbiamo visto gli avverbi** "lentamente" **e** "ovviamente"**. Da quali aggettivi derivano? Osservate e completate la tabella:**

Avverbi di modo

	vero-vera	⇨	È **veramente** strano quello che ha detto.	
	sincero-sincera	⇨	**Sinceramente** non mi va di uscire.	*-a ⇨ amente*
	ovvio-ovvia	⇨	Lui .... ha negato tutto!	
	deciso-decisa	⇨	Fulvio è **decisamente** simpatico.	
	forte	⇨	Ha **fortemente** difeso le sue idee.	
	apparente	⇨	**Apparentemente** ha fatto un ottimo lavoro.	*-e ⇨ emente*
	veloce	⇨	Devi agire quanto più .... puoi.	
ma:	difficile	⇨	**Difficilmente** mi fido di lui.	
	finale	⇨	Sono arrivati? ....!	*le ⇨ lmente*
	particolare	⇨	Sono **particolarmente** curioso.	*re ⇨ rmente*

17 e 18

E Abilità

1 **Ascolto** Quaderno degli esercizi (p. 129)

2 **Parliamo**

1. Si dice "Popolo che non ricorda la sua storia non ha futuro". Cosa ne pensate?
2. Qual è il periodo della storia (del vostro paese o internazionale) che vi affascina di più e per quale motivo?
3. Che cosa sapete della vita quotidiana ai tempi dei Romani e nel Medioevo?
4. Quali sono gli avvenimenti più importanti della storia del vostro paese (nell'antichità o nell'epoca moderna)? Parlatene in breve.

Il banchetto di un Signore del '400

3 **Scriviamo**

1. Raccontate un avvenimento (o un periodo) della storia che ritenete molto importante o affascinante, giustificando anche la vostra scelta. *(100-120 parole)*
2. Un tuo amico, sapendo che studi l'italiano, ti chiede se sai qualcosa della storia d'Italia, dall'antichità a oggi. In base alle pagine precedenti e a quelle che seguono, scrivigli un'e-mail per riassumere in breve quello che ricordi. *(120-140 parole)*

Test finale

Brevissima storia d'Italia

Dalle Signorie al dominio straniero

Nel '400 l'Italia era divisa in Signorie, cioè in piccoli stati indipendenti spesso in lotta tra loro. Fu questo un periodo di intensa attività culturale, da cui prese origine il *Rinascimento*. La divisione del territorio italiano in piccoli stati, deboli di fronte alle grandi potenze europee dell'epoca, provocò frequenti occupazioni straniere. In pratica dal 1500 al 1800 l'Italia fu sempre in mani straniere: francesi, spagnoli e nell'Ottocento gli austriaci si contesero parti del territorio della Penisola tra guerre e distruzioni.
Alcuni stati, comunque, conservarono in gran parte la loro indipendenza, soprattutto le Repubbliche di Venezia e di Genova, il Ducato di Savoia (che comprendeva il Piemonte e la Sardegna) e lo Stato della Chiesa.

Verso l'Indipendenza

Nonostante tanti anni di occupazioni, a partire dal 1800 lo spirito d'indipendenza si diffuse a poco a poco lungo tutta la penisola. Nella seconda metà del secolo e dopo vari tentativi falliti, tutto cambiò grazie all'abilità diplomatica del conte di Cavour, primo ministro dello Stato del Piemonte, e al coraggio di uomini come Garibaldi, che con soli mille uomini liberò l'intera Sicilia e giunse fino a Napoli. Nel 1861 il Parlamento proclamò* Vittorio Emanuele II re d'Italia. Infine, nel 1870 l'esercito italiano entrò a Roma, che da secoli apparteneva allo Stato della Chiesa, trasferendovi la capitale del Regno d'Italia.

Giuseppe Garibaldi

Dall'Unità al fascismo

All'indomani dell'Unità, l'Italia era però un Paese povero e con grandi differenze tra il Nord e il Sud. Tanta era la povertà che milioni d'italiani emigrarono* in America.
Nonostante i grandi problemi sociali interni, nel 1915 l'Italia partecipò alla I Guerra mondiale, dalla quale uscì tra i paesi vincitori, ma pagando un alto prezzo: ben 700.000 morti!
Dopo la guerra, tormentata* ancora da una grave crisi socio-economica, l'Italia vide l'ascesa* di Mussolini: è il cosiddetto "ventennio fascista" (1922-1943) durante il quale si creò un regime* autoritario* e antidemocratico, basato sulla violenza e la paura.
Mussolini, il *Duce*, cercò con la propaganda di ottenere il consenso* del popolo e di diffondere idee come la "superiorità" del popolo italiano e la gloria della patria. Il suo scopo era riportare l'Italia alle glorie dell'antica Roma, ma condusse il Paese alla disastrosa alleanza con Hitler e all'entrata in guerra nel 1941. Per l'Italia, la II Guerra mondiale finisce ufficialmente il 25 aprile 1945. Tre giorni dopo Mussolini moriva fucilato. Quando gli alleati arrivano nel Nord Italia, i partigiani, cioè i cittadini che durante la "Resistenza" presero le armi contro i nazisti e i fascisti, avevano già liberato molte città.

Il regime cercava di controllare la vita degli italiani dovunque, perfino a tavola; altro famoso slogan dell'epoca era "Taci! Se parli tradisci la patria"! Erano arrivati ad abolire* la stretta di mano come saluto...*

Leggete i testi di questa pagina e mettete in ordine cronologico gli avvenimenti.

- ☐ a. Garibaldi libera l'Italia del Sud.
- ☐ b. Il Nord Italia è sotto il dominio austriaco.
- ☐ c. Molti italiani emigrano all'estero.
- ☐ d. Roma diventa capitale d'Italia.
- ☐ e. Per l'Italia inizia la II Guerra mondiale.
- ☐ f. Mussolini prende il potere.
- ☐ g. L'Italia ha 700.000 vittime di guerra.
- ☐ h. In Italia nasce il Rinascimento.

Il dopoguerra, il "boom" economico, gli "anni di piombo"

Dopo la fine della guerra, l'Italia è un Paese da ricostruire completamente, sia dal punto di vista politico-economico che sociale.

Nel 1946 un referendum* popolare proclamò la fine della Monarchia e l'inizio della Repubblica mentre nel 1948 ci furono le prime elezioni realmente democratiche.

Negli anni '50 e '60 l'Italia visse un periodo di grande sviluppo, tanto che si parlò di "boom" economico (vedi pagina 36). Tuttavia restavano grandi le differenze tra il Nord e il Sud del Paese: molti furono coloro che emigrarono dalle regioni del "Mezzogiorno" verso i grandi centri industriali italiani (Milano e Torino) e del Centro Europa (Svizzera, Germania, Francia e Belgio).

Con gli anni '70 inizia uno dei periodi più sanguinosi* della storia italiana, quello del terrorismo: tra gli eventi più tristemente noti, il rapimento* e l'uccisione, nel 1978, di Aldo Moro, un importante uomo politico, e la strage* alla stazione di Bologna nel 1980, che provoca 85 morti e 200 feriti.

Tra il XX e il XXI secolo

Gli anni '80 sono un periodo molto diverso: "divertirsi", "comprare", "apparire", sono le nuove parole d'ordine, diffuse anche dai primi canali TV privati nazionali.

Gli anni '90 in Italia iniziano con un grande scandalo politico, chiamato "Tangentopoli" (o "mani pulite"), che porta alla luce un vasto sistema di corruzione* diffuso in tutto il sistema politico del Paese. In questo decennio ha inizio un altro fenomeno importante: l'arrivo di centinaia di migliaia di immigrati* provenienti dai paesi dell'Europa dell'Est, dall'Africa, ma anche dalla Cina e dai paesi arabi, che fanno dell'Italia un paese multietnico.

All'inizio del nuovo secolo, l'evento più importante è stato l'arrivo dell'euro, la moneta unica che dal 2002 ha sostituito le singole valute dei paesi europei, dando inizio a una nuova storia per l'Italia, ancora più legata al futuro dell'Europa.

Glossario: proclamare: dichiarare, annunciare pubblicamente in forma ufficiale; emigrare: lasciare il proprio paese, o la propria regione, per trasferirsi in un paese straniero, o in un'altra regione; tormentato: sottoposto a dure difficoltà; ascesa: salita al potere; regime: forma di governo, sistema politico; autoritario: non democratico; consenso: approvazione, giudizio favorevole; patria: paese, nazione; abolire: eliminare; referendum: votazione in cui il popolo è chiamato ad esprimersi su questioni di interesse nazionale; sanguinoso: molto violento; rapimento: portare via con sé qualcuno con la violenza; strage: uccisione violenta di un gran numero di persone; corruzione: dare o ricevere denaro in cambio di comportamenti illegali; immigrato: chi si è trasferito, ad esempio, in Italia abbandonando il proprio paese.

Leggete i testi e indicate le affermazioni veramente presenti.

Attività online

- [ ] 1. Dal 1946 l'Italia non ha più un re.
- [ ] 2. La maggior parte degli immigrati provengono dall'Albania.
- [ ] 3. Grazie all'operazione "mani pulite" cambia la scena politica.
- [ ] 4. Negli anni '60 i lavoratori italiani emigrano anche verso altre città italiane.
- [ ] 5. Vittima del terrorismo è anche la gente comune.
- [ ] 6. Negli ultimi anni la situazione economica del Sud è migliorata molto.

Autovalutazione

Che cosa ricordate delle unità 3 e 4?

1. Sapete...? Abbinate le due colonne.

1. precisare
2. fare un paragone
3. chiedere informazioni
4. contraddire qualcuno
5. rispondere a un'accusa

a. Ma cosa dici?
b. Può dirmi il prezzo della matrimoniale?
c. Gli piace più viaggiare che lavorare.
d. Oggi. Voglio dire, stasera.
e. Posso spiegare tutto.

2. Abbinate le frasi.

1. Che lavoro fa?
2. Hanno litigato, eh?
3. Ti chiamo uno di questi giorni.
4. Mi hai un po' confuso.
5. Ti sei trovata bene?

a. Ci conto!
b. Allora mi spiego meglio.
c. Come a casa mia.
d. Mi sa che è ingegnere.
e. Niente affatto!

3. Completate o rispondete.

1. Due popoli che occuparono territori italiani nell'era moderna ....
2. Quanti anni durò il fascismo in Italia? ....
3. Quale dialetto fu alla base dell'italiano standard? ....
4. Il passato remoto di *fare* (terza pers. singolare): ....
5. L'avverbio che deriva da *facile* ....

4. Scoprite, in orizzontale e in verticale, le dieci parole relative alla storia e ai viaggi.

E	M	I	R	B	A	T	E	V	I
R	E	S	E	Q	G	I	S	U	S
I	D	U	S	U	E	P	E	G	B
L	I	S	I	G	N	O	R	I	A
A	O	P	S	O	Z	E	C	O	G
Z	E	S	T	B	I	K	I	D	A
F	V	I	E	M	A	S	T	Y	G
J	O	C	N	V	O	L	O	X	L
U	N	I	Z	P	O	R	T	O	I
E	S	F	A	S	C	I	S	M	O

Verificate le vostre risposte a pagina 154. Siete soddisfatti?

Castello di Ferrara (Emilia Romagna)

Stare bene

Per cominciare...

1 **Lavorate in coppia. Ascoltate solo le battute di Elisabetta cercando di capire che problemi ha Pierluigi e che soluzioni gli propone lei. Poi completate brevemente la tabella che segue.**

problema / abitudine	soluzione proposta

2 **Secondo voi, quale abitudine di Pierluigi fa più male alla salute? E dei consigli di Elisabetta qual è il più importante? Scambiatevi idee.**

3 **Ascoltate l'intero dialogo e indicate le affermazioni veramente presenti.**

1. Pierluigi dorme circa 6 ore al giorno.
2. Elisabetta crede che uno dei problemi di Pierluigi sia lo stress.
3. Secondo Elisabetta, il sonno è importantissimo.
4. Elisabetta crede che sia importante mangiare bene.
5. Pierluigi va a letto molto tardi.
6. A Pierluigi non piace fare sport.
7. La fidanzata di Pierluigi è un tipo sportivo.
8. Pierluigi pensa di andare in piscina.
9. Elisabetta consiglia a Pierluigi di prendere delle vitamine.
10. A Pierluigi piace l'idea delle vitamine.

In questa unità...

1. *...impariamo a esprimere pareri, opinioni, speranze, a porre condizioni, a chiedere e a dare il permesso di fare qualcosa, a parlare del viver sano;*
2. *...conosciamo il modo congiuntivo presente e passato e il suo uso nelle proposizioni subordinate;*
3. *...troviamo informazioni sugli italiani e lo sport.*

A Sei troppo stressato!

1 **Leggete il dialogo per verificare le vostre risposte all'attività precedente.**

Elisabetta: Ultimamente hai una faccia stanca. Come mai? Non dormi abbastanza?

Pierluigi: Mah, veramente non molto. Spesso mi rigiro nel letto per ore. Ovviamente, il giorno dopo mi sento molto stanco, debole...

Elisabetta: Si vede, infatti. Secondo me, sei troppo stressato.

Pierluigi: Lo so, ma è possibile oggi non essere stressati, con questi ritmi frenetici? Tu come fai a essere sempre così fresca? La notte dormi parecchio, vero?

Elisabetta: No, non più di tanto. Il sonno è fondamentale, ma non pensare che sia sufficiente per stare bene. Per esempio, dubito che tu abbia mangiato qualcosa stamattina.

Pierluigi: Beh, è vero, ho bevuto solo un caffè, come al solito.

Elisabetta: Ecco, vedi? Allora è logico che tu non abbia energie. Non fai sport, o sbaglio?

Pierluigi: Ma con gli orari che ho, com'è possibile che io trovi il tempo per farlo?

Elisabetta: Almeno il fine settimana potresti fare jogging, no?

Pierluigi: Sì, ci manca solo questo! Mi pare di sentire la mia fidanzata! Lei va in piscina tre volte alla settimana e insiste perché faccia sport anch'io.

Elisabetta: E ha ragione, sei troppo pigro! Almeno prendi delle vitamine, in commercio esistono molti tipi di integratori, anche se non credo che basti...

Pierluigi: Invece sì! Questa è un'idea che mi piace! Penso proprio che questo sia più semplice che fare jogging!

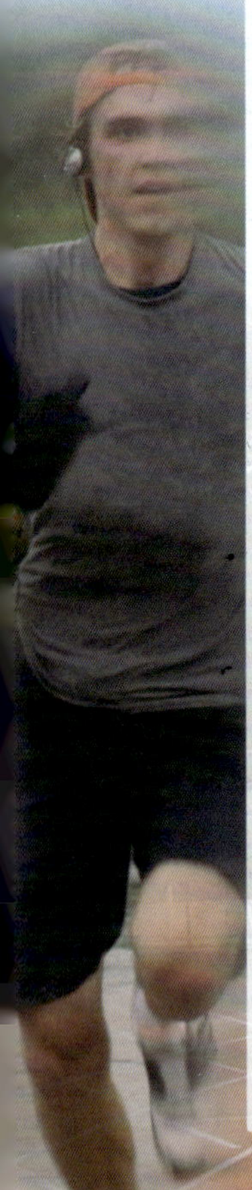

2 Lavorate in coppia. Scegliete le affermazioni giuste.

1. Quando Elisabetta dice **"non più di tanto"** intende che: a. non dorme come un tempo, b. non dorme molto
2. E poi dice **"Ecco, vedi?"** come per dire: a. "Lo sapevo", b. "Hai capito?"
3. Infine, Pierluigi dice **"Sì, ci manca solo questo!"** perché: a. è da tempo che non fa jogging, b. non pensa proprio di fare jogging

3 Ormai Pierluigi sembra deciso a fare dei cambiamenti; ne parla, quindi, con la sua fidanzata, Chiara. Completate il loro dialogo con le parole date.

Pierluigi: Sai, ultimamente mi sento un po' debole. Penso che ....***sia***.... colpa del fatto che dormo poco.

Chiara: Io credo che tu ....sia.... molto stressato, amore. E, poi, non mangi per niente bene, senza contare che dovresti fare più movimento...

Pierluigi: Uffa, non ricominciare! Ok, hai ragione: è ora che io ....cambi.... le mie abitudini!

Chiara: Sì, dici sempre così, ma poi non lo fai mai!

Pierluigi: No, no! Penso di ricominciare ad andare in palestra... almeno un paio di volte al mese! Poi dovrei dormire di più: credo che otto ore di sonno ....bastino.... .

Chiara: Se guardi la tv tutte le sere fino all'una, non credo tu possa dormire molto.

Pierluigi: È vero, basta anche con la tv! A meno che non ci sia qualche bella partita, ovvio, un bel film... E, infine, comprerò degli integratori, sembra che ....facciano.... molto bene.

Chiara: Tesoro, sono contenta che tu ....abbia preso.... decisioni tanto importanti! Meglio tardi che mai! Spero però che questa volta tu ....faccia.... veramente quello che dici!

cambi ✓
abbia
preso ✓
sia
sia ✓
facciano ✓
bastino ✓
faccia ✓

4 Rispondete alle domande. *(15-20 parole)*

1. Quali decisioni ha preso Pierluigi? ....

....

2. Su che cosa sono d'accordo Chiara ed Elisabetta? ....

....

5 **Nel dialogo introduttivo abbiamo visto frasi come:**

"...è logico che tu non *abbia* energie."

"Penso proprio che *sia* più semplice che fare jogging!"

Cercate di completare la tabella con le forme mancanti.

Congiuntivo presente

	are ⇨ **i**	ere ⇨ **a**	ire ⇨ **a / isca**
	parlare	**prendere**	**partire**
	Angela pensa che:	*Bisogna che:*	*È necessario che:*
io	parl**i**	prend**a**	part**a**
tu	parl**i**	....	part**a**
lui, lei	....	prend**a**	part**a**
noi	parl**iamo**	prend**iamo**	....
voi	parl**iate**	prend**iate**	part**iate**
loro	parl**ino**	prend**ano**	part**ano**
	molto.	*delle vitamine.*	*subito.*
ma:	**essere**	**avere**	**finire**
	Lei spera che:	*Può darsi che:*	*Anna vuole che:*
io	**sia**	**abbia**	fin**isca**
tu	**sia**	....	fin**isca**
lui, lei	....	**abbia**	fin**isca**
noi	**siamo**	**abbiamo**	fin**iamo**
voi	**siate**	**abbiate**	fin**iate**
loro	**siano**	**abbiano**	fin**iscano**
	sempre d'accordo.	*ragione.*	*presto.*

6 **Osservando la tabella formate delle frasi mettendo il verbo tra parentesi al congiuntivo.**

1. Signorina, non è certo che il Suo volo *(partire)* in orario.
2. Bisogna che tu *(lavorare)* di meno, sembri molto stanco.
3. Se non spedisci il pacco subito può darsi che io non lo *(ricevere)* in tempo.
4. Mi pare che voi non *(avere)* voglia di lavorare seriamente.
5. È necessario che noi *(arrivare)* prima di loro.
6. Signora, mi sembra che Lei *(preoccuparsi)* senza motivo.

1 - 3

7 **Nelle pagine precedenti abbiamo incontrato le frasi:** "dubito che tu *abbia mangiato* qualcosa" **e** "sono contenta che tu *abbia preso* decisioni così importanti". **Osservate:**

Congiuntivo passato

Diana crede che io **abbia parlato** male di lei, ma non è vero.
Può darsi che **abbiano perso** il treno, per questo sono in ritardo.

Non credo che tu **sia venuta** solo per chiedermi scusa!
Sono contento che voi **siate riusciti** a superare il test finale.

Secondo voi, qual è la differenza tra il congiuntivo presente e quello passato?

4 - 6

B Fa' come vuoi!

20 **1** **Ascoltate i mini dialoghi e abbinateli alle foto. Attenzione, c'è una foto in meno!**

20 **2** **Ascoltate di nuovo e completate con le espressioni che avete sentito:**

Permettere - Tollerare

1. .... 2. *Fa' come ti pare!*
3. .... 4. .... 5. ....

Role-play

3 **Sei *A*: dici a *B* che:**

- *probabilmente farai tardi al vostro appuntamento*
- *gli/le comprerai qualcosa per il suo compleanno*
- *non gli/le puoi dare in prestito tutti i cd che ti ha chiesto*
- *devi assolutamente usare il suo cellulare*
- *vorresti usare di nuovo il suo computer*
- *prenderai la sua bici perché il tuo motorino non va*

Sei *B*: rispondi ad *A* usando le espressioni viste al punto 2.

4 **Nei dialoghi precedenti, abbiamo incontrato alcuni verbi irregolari (**"non credo tu *possa* dormire molto", "Spero però che tu *faccia* quello che dici"**). Osservate e completate la tabella con le forme mancanti.**

Verbi irregolari al congiuntivo

Come vedete, le forme irregolari del congiuntivo presente si formano in base alla prima persona singolare dell'indicativo presente dei verbi.

Infinito	**Indicativo**	**Congiuntivo presente**			
andare	vado	**vada**	**andiamo**	**andiate**	**vadano**
dire	dico	**dica**	**diciamo**	**diciate**	**dicano**
fare	faccio	....	**facciamo**	**facciate**	**facciano**
venire	vengo	**venga**	**veniamo**	**veniate**	**vengano**
potere	posso	**possa**	**possiamo**	**possiate**	....
ma:					
dare	do	**dia**	....	**diate**	**diano**
dovere	devo	**debba**	**dobbiamo**	**dobbiate**	**debbano**
sapere	so	**sappia**	**sappiamo**	....	**sappiano**
stare	sto	**stia**	**stiamo**	**stiate**	**stiano**

Una lista più completa si trova in Appendice a pagina 153.

5 **Completate le frasi osservando la tabella.**

1. È necessario che *(venire)* anch'io? Mi aspettano gli amici in piazza...
2. Non credo che quei due *(stare)* più insieme, probabilmente si sono lasciati.
3. Non è giusto che voi *(andare)* a spasso mentre io resto a casa a studiare!
4. Laura pensa che tu le *(dovere)* chiedere scusa per il tuo comportamento.
5. Ma è possibile che in questa casa nessuno mi *(dare)* mai una mano?
6. La mia ragazza vuole che io *(fare)* una vita più sana.

7 e 8

C Come mantenersi giovani

1 **Lavorate in coppia. In basso sono dati alla rinfusa alcuni fattori che ci mantengono giovani o che ci fanno invecchiare: inseriteli nella colonna che ritenete giusta e confrontate le vostre scelte con i compagni.**

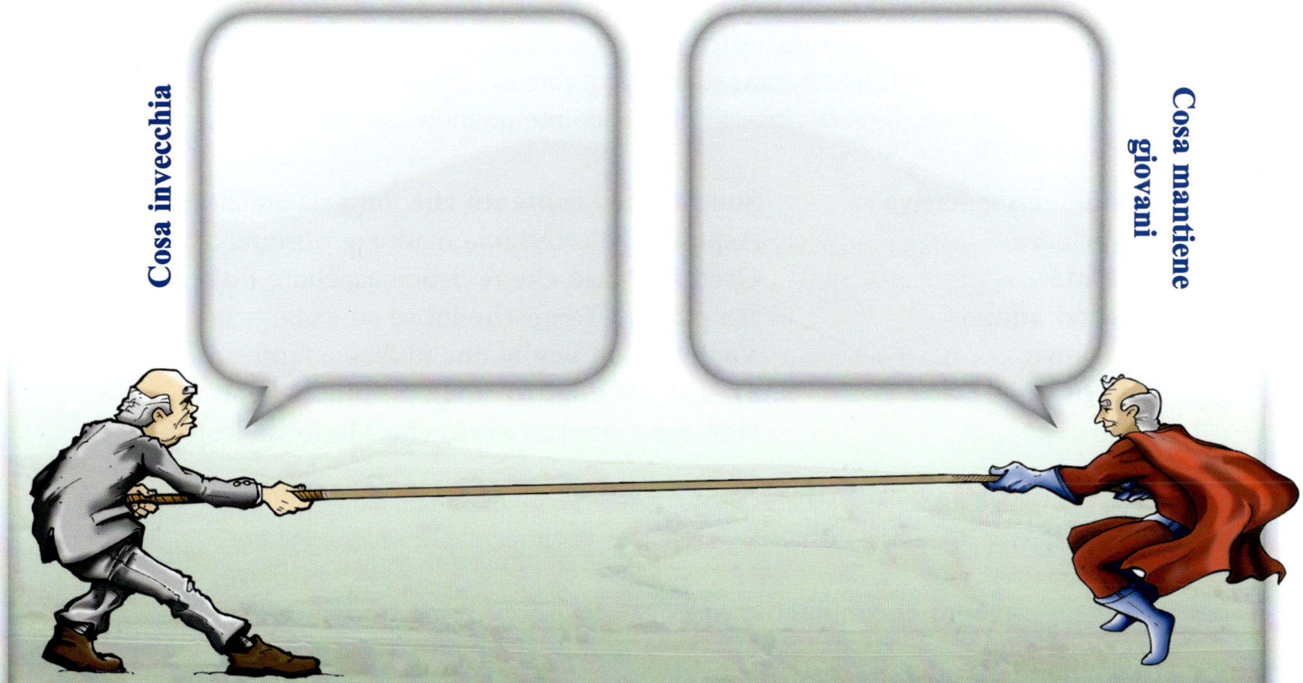

dormire almeno 7 ore a notte - fumo - troppi alcolici - vivere in una grande città - soffrire di solitudine - camminare un'ora al giorno - annoiarsi - ritmi regolari - alimentazione ricca ma senza eccessi - vita sedentaria - alimentazione ricca di grassi - usare molto la macchina - vivere in montagna o in campagna - carattere equilibrato - molti interessi - stress

2 **Rispondete alle domande.**

1. In base alle informazioni del punto 1, pensate di condurre una vita sana che vi aiuterà a mantenervi in forma anche in futuro? Parlatene.
2. In base alle informazioni ricavate dalla discussione in classe, consigliate a un vostro compagno cosa fare per migliorare la propria salute.
3. Osservate la foto a destra. Quanto credete sia equilibrata la vostra alimentazione (quantità - qualità)?
4. La lista di sopra vi ha convinto a cambiare qualcosa? In genere pensate di cambiare qualche abitudine?

3 **Scrivete ad un amico una lettera in cui annunciate e motivate la vostra decisione di cambiare stile e ritmo di vita.** ***(100-120 parole)***

4 **Secondo voi, quando usiamo il congiuntivo? In coppia, abbinate le due colonne, come nell'esempio. Verificate le vostre ipotesi a pagina 153.**

Uso del congiuntivo (I)

Usiamo il congiuntivo in frasi dipendenti da altre che esprimono generalmente soggettività, volontà, incertezza, stato d'animo ecc., ma solo *quando i due verbi hanno soggetti diversi*. In particolare quando esprimono:

Opinione soggettiva	**Sono felice / contento che** tutto sia andato bene.
Incertezza	**Aspetto che** arrivi mia madre per uscire.
Volontà	**Credo / Penso che** tu debba accettare l'offerta.
Stato d'animo	**Ho paura / Temo che** lui se ne vada.
Speranza	**Voglio / Non voglio che** tu faccia tardi stasera.
Attesa	**Spero / Mi auguro che** tutto finisca bene.
Paura	**Non sono sicuro / certo che** Mario sia leale.

Attenzione! Se una frase esprime certezza o oggettività usiamo l'indicativo:
-Sono sicuro che lui ***è*** *un amico. / -So che* ***è partito*** *ieri. / -È chiaro che* ***hai*** *ragione.*

Inoltre, il congiuntivo si usa con verbi o forme **impersonali**:

Bisogna che voi torniate presto.
Può darsi che Tiziana non possa venire con noi.
Si dice che Carlo e Lisa si siano lasciati.
Pare / Sembra che siano ricchi sfondati.
È bene che siate venuti presto.
(non) **È necessario / importante che** io parta subito.
(non) **È possibile / impossibile che** tutti siano andati via.
(non) **È probabile / improbabile che** lei sappia già tutto.

La lista completa delle forme che richiedono il congiuntivo in Appendice a pagina 153.

5 **Usate il congiuntivo dove necessario, come nell'esempio.**

Luigi ha dei problemi. ***(credo)***
Credo che Luigi abbia dei problemi.

1. I nuovi giocatori sono veramente bravi. ***(sono certo)***
2. Decide sempre lui, in fin dei conti è il capo! ***(è giusto)***
3. Anna ce l'ha fatta da sola. *(dubito)*
4. Fa' presto! Siamo già in ritardo. *(bisogna)*
5. Vengono anche gli zii per le feste? *(sai se)*
6. La lezione sta finendo... sono stanco morto. *(spero)*

9 - 11

D Viva la salute!

1 **Confrontate queste due foto. Quale tipo di esercizio fisico preferite e perché? Scambiatevi idee.**

2 **Lavorate in coppia. Ascoltate l'intervista all'istruttore di una palestra. Prendete appunti e confrontateli con quelli del vostro compagno.**

3 **Ascoltate di nuovo e indicate le affermazioni corrette.**

1. La palestra è frequentata da persone
- a. prevalentemente anziane
- b. intorno ai 15 anni
- c. sui 40 anni
- d. dai 15 anni in su

2. I servizi offerti comprendono
- a. idromassaggio e tennis
- b. massaggio e sauna
- c. sport di squadra per bambini
- d. aerobica per bambini

3. Generalmente c'è più gente
- a. la mattina presto
- b. nel pomeriggio
- c. intorno alle 20.00
- d. dopo le 20.00

4. La palestra
- a. ha sempre più clienti
- b. ha sempre meno clienti
- c. ha meno clienti in estate
- d. ha più clienti dopo l'estate

4 **Leggete queste affermazioni. A quali dei punti (1-4) dell'attività precedente corrispondono?**

a. C'è chi si iscrive a una palestra *nonostante* finisca di lavorare tardi.
b. La palestra offre molti servizi *affinché* i clienti possano scegliere le attività che preferiscono.

5 **Osservate di nuovo le frasi del punto precedente e poi la tabella che segue:**

Uso del congiuntivo (II)

Usiamo il congiuntivo anche dopo alcune congiunzioni:

benché / sebbene **nonostante / malgrado**	Luca mi ha invitato, **nonostante** mi *conosca* poco.
purché / a condizione che **a patto che / basta che**	Viene con noi, **a condizione che** *scelga* lei il locale.
senza che	Andrò allo stadio, **senza che** i miei lo *sappiano*.
nel caso (in cui)	**Nel caso** ci *sia* uno sciopero, vi verrò a prendere.
perché / affinché	Ti dirò tutto, **affinché** tu *capisca* che la colpa non è mia.
prima che	Dobbiamo fare gol **prima che** finisca il primo tempo. ***ma:*** Passerò da casa mia *prima di venire* da te.
a meno che / (tranne che)	Verrà, **a meno che** non piova molto!

In Appendice, a pagina 154, troverete altre forme che richiedono il congiuntivo.

6 **Completate le frasi con le congiunzioni date a fianco.**

1. Ti dirò cos'è successo, ... tu non lo dica a nessuno.
2. Le presterò il mio motorino, ... non abbia molta esperienza.
3. Rodolfo è qui alla festa .... nessuno lo abbia invitato.
4. Gli telefono subito, ... faccia in tempo a prepararsi.
5. .... siano divorziati, continuano a vivere insieme.

nonostante
sebbene
purché
affinché
senza che

12 - 15

7 **Finora abbiamo visto due tempi del congiuntivo, il presente** ("credo che lei *mangi* poco") **e il passato** ("credo che lei *abbia mangiato* poco")**. Secondo voi, quando li usiamo? Osservate:**

La concordanza dei tempi del congiuntivo

Quando il verbo della frase principale è al presente abbiamo queste alternative:

Credo che Laura →
- **faccia** / **farà** un buon lavoro. (*domani, nel futuro*)
- **faccia** un buon lavoro. (*oggi, nel presente*)
- **abbia fatto** un buon lavoro. (*ieri, nel passato*)

16

E Attenti allo stress!

1 **Chi di voi si sente stressato? Quali cose vi stressano e come reagite quando siete sotto stress?**

2 **Ogni cambiamento nella vita può causare stress. Quali sono, secondo voi, le prime cinque cause in questa lista elaborata da un gruppo di psicologi? Lavorate in coppia e alla fine scambiatevi idee tra coppie. (La lista completa in Appendice a pagina 156)**

- Cambiamento abitudini personali
- Difficoltà economiche
- Figlio/a che lascia la casa
- Fine di una relazione sentimentale
- Cambiamento situazione economica
- Problemi familiari
- Frequentare una nuova scuola
- Esame importante
- Perdita del lavoro
- Gravidanza
- Lite con un amico
- Problemi nel lavoro / a scuola
- Cambiamento di casa
- Matrimonio

22

3 **Ascoltate le persone che parlano e descrivete la situazione che affronta ognuno di loro.**

Alfredo R., 30 anni: ....

Paola L., 24 anni: ....

Pietro M., 19 anni: ....

Domenico F., 28 anni: ....

22

4 **Ascoltate di nuovo, questa volta consultando a pagina 156 la graduatoria che hanno preparato gli psicologi: quale persona è più stressata, secondo voi?**

5 **Osservate i disegni e raccontate, oralmente o per iscritto, la storia.**

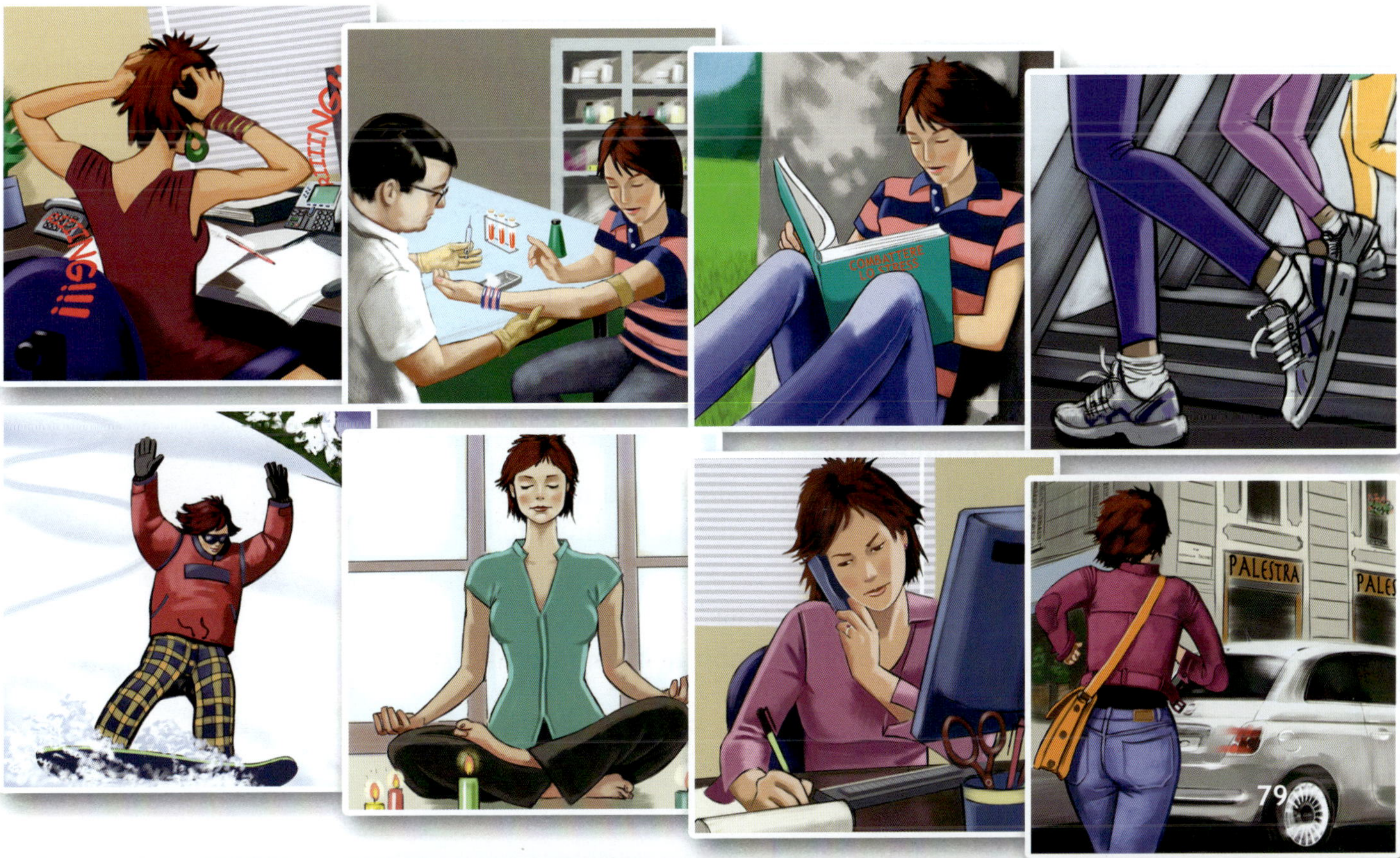

6 **Leggete il testo e indicate le cinque affermazioni effettivamente presenti.**

Come non parlare di calcio

Io non ho nulla contro il calcio. Non vado negli stadi per la stessa ragione per cui non andrei a dormire di notte nei sotterranei della Stazione Centrale di Milano, ma se mi capita mi guardo una bella partita con interesse e piacere alla televisione, perché riconosco e apprezzo tutti i meriti di questo nobile gioco. Io odio gli appassionati di calcio.

Non amo il tifoso perché ha una strana caratteristica: non capisce perché tu non lo sei, ma insiste nel parlarne con te. Per far capire bene cosa intendo dire faccio un esempio. Io suono il flauto dolce. Supponiamo ora che mi trovi in treno e chieda al signore di fronte a me, per attaccare discorso:

- "Ha sentito l'ultimo cd di Frans Brüggen?"
- "Come, come?"
- "Dico la *Pavane Lachryme*. Secondo me rallenta troppo all'inizio."
- "Scusi, non capisco."
- "Ah, ho capito, Lei non..."
- "Io non."
- "Curioso... Lo sa che per avere un flauto *Coolsma* fatto a mano bisogna attendere tre anni? Ma Lei ci arriva fino alla quinta variazione di *Derdre D'Over*?"
- "Veramente io vado a Parma..."
- "Ah, ho capito, Lei suona in F non in C. Non userà mica una tecnica tedesca?"
- "Io sinceramente i tedeschi..., la BMW sarà una gran macchina e li rispetto, ma..."
- "Ho capito. Usa una tecnica barocca. Ma..."

Ecco, non so se abbia reso l'idea. Lo stesso più o meno avviene con il tifoso. La situazione è particolarmente difficile con il tassista.

- "Ha visto Del Piero?"
- "No, deve essere venuto mentre non c'ero."
- "Ma stasera guarda la partita?"
- "No, devo occuparmi del libro Zeta della Metafisica, sa, lo *Stagirita*."
- "Bene. Io credo che non sia affatto facile vincere, Lei che ne dice?"

E via dicendo, come parlare al muro. Il problema è che lui non riesce a concepire che a qualcuno non importi niente di queste cose.

adattato da *Il secondo diario minimo* di Umberto Eco

Umberto Eco al flauto dolce

1. Umberto Eco non è mai andato allo stadio.
2. Eco odia le persone che si interessano solo di calcio.
3. Nel primo episodio parla con un passeggero che va a Parma.
4. I due uomini non hanno gli stessi interessi.
5. Il passeggero preferisce la musica italiana a quella tedesca.
6. Il tassista è un amante del calcio.
7. Lo scrittore non sa a quale partita si riferisca il tassista.
8. A Eco dà fastidio il fatto che il tassista non ami la letteratura.

7 **Secondo voi, per quali motivi Eco non ama andare allo stadio? E a voi piace? Motivate le vostre risposte.**

8 **Abbiamo imparato quando si usa il congiuntivo, adesso impariamo quando non usarlo!**

QUANDO *NON* USARE IL CONGIUNTIVO!

Attenzione!
Usiamo l'**infinito** o l'**indicativo** e **non il congiuntivo** nei seguenti casi:

stesso soggetto
Penso che tu *sia* bravo. ***ma*** **Penso di** *essere* bravo. (io)

espressioni impersonali
Bisogna che tu *faccia* presto. ***ma*** **Bisogna / È meglio** *fare* presto.

secondo me / forse / probabilmente
Secondo me, *hai* torto. / **Forse** lui non *vuole* stare con noi.

anche se / poiché / dopo che
L'Inter ha vinto **anche se** non *ha giocato* bene.

17 e 18

F Vocabolario e abilità

1 **Abbinate gli oggetti agli sport. Cosa sapete e cosa pensate di ogni sport?**

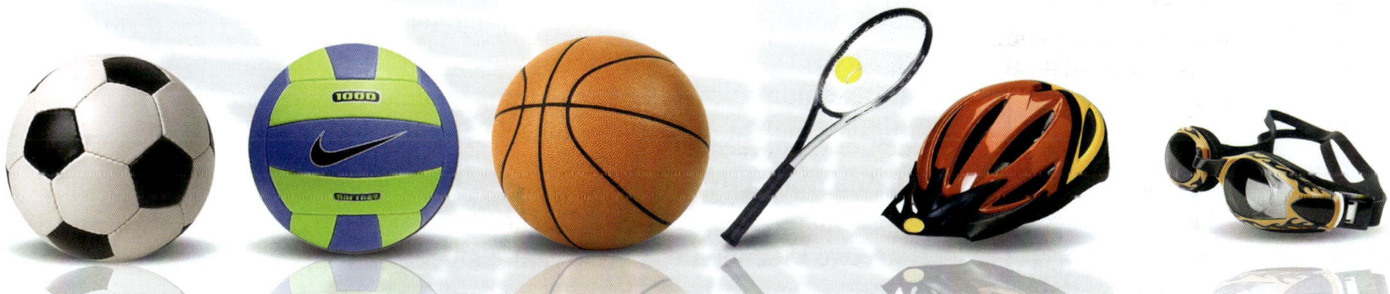

....

ciclismo **tennis** **nuoto** **calcio** **pallavolo** **pallacanestro**

2 **Ascolto** Quaderno degli esercizi (p. 140)

3 **Situazione**

Role-play

Sei *A*: ultimamente sei ingrassato/a di qualche chilo. Un amico/un'amica (*B*) cerca di convincerti ad andare in palestra, o almeno a fare un po' di dieta, anche per motivi di salute. Ma tu, poiché sei un po' pigro/a, inventi sempre delle scuse.

4 **Scriviamo**

Negli ultimi 50 anni lo sport è diventato un importantissimo fenomeno sociale: sempre più spettatori e telespettatori, sempre più denaro investito. Però non mancano i problemi. Quali sono, secondo te? Nonostante questo, cosa ci offre lo sport? *(120-160 parole)*

Test finale

Secondo un sondaggio Eurobarometro

Praticano un'attività sportiva o fanno esercizio fisico almeno una volta alla settimana:

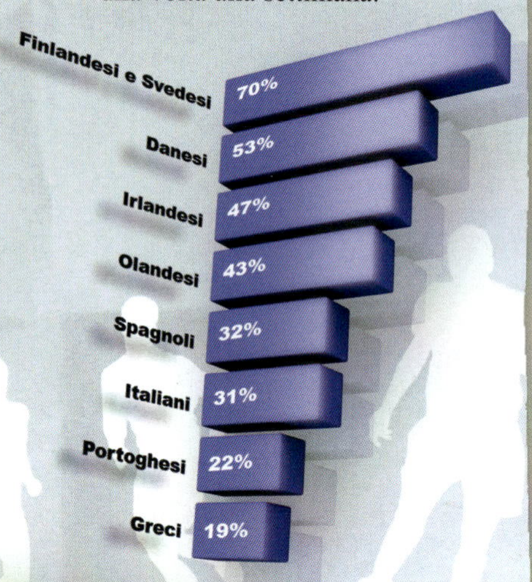

Le prime 25 attività sportive praticate in Italia

Calcio/calcetto	4.363.000
Nuoto	3.480.000
Ginnastica	2.204.000
Fitness/palestra	1.405.000
Sci/snowboard	2.060.000
Ciclismo	1.321.000
Tennis	1.298.000
Atletica leggera	995.000
Pallavolo	988.000
Pallacanestro	606.000
Bodybuilding	555.000
Danza	333.000
Pesca	323.000
Karate	244.000
Alpinismo*	197.000
Pesi	202.000
Bocce*	171.000
Pattinaggio	166.000
Equitazione*	156.000
Sub	143.000
Judo	136.000
Vela	127.000
Motociclismo	74.000
Golf	59.000
Tiro a segno	51.000
Tiro con l'arco	46.000

Lo sport in Italia

Come dimostra il sondaggio Eurobarometro, gli italiani non sono un popolo molto sportivo. Più che praticare qualche sport, preferiscono seguirlo dal vivo o in tv. Il grande successo delle trasmissioni e dei quotidiani sportivi ne è la prova.

Il **calcio** è senza dubbio lo sport più popolare e quello che ha portato i maggiori successi: la nazionale di calcio, i famosi *Azzurri*, ha vinto quattro volte i mondiali. D'altra parte, il *Campionato** italiano è molto spettacolare, poiché ospita anche grandi giocatori stranieri: le squadre italiane spendono grosse somme* per acquistare giocatori bravi e famosi, così sono riuscite a conquistare tantissimi titoli in campo nazionale e internazionale. L'antagonismo* è molto forte, specialmente tra squadre della stessa città: Milan e Inter, Juventus e Torino, Roma e Lazio.

La **pallacanestro** e la **pallavolo** sono sport molto seguiti e praticati. Le squadre italiane di pallacanestro hanno conquistato non pochi titoli a livello europeo e mondiale. Le squadre di pallavolo hanno fatto ancora di più: grazie anche al sostegno di grandi sponsor, sono da anni considerate le migliori del mondo; altrettanti successi ha ottenuto la nazionale.

Il **ciclismo** ha in Italia una lunga tradizione con molti praticanti dilettanti*, ma anche squadre di professionisti. Famoso è il *Giro d'Italia* le cui durissime tappe* coprono nei mesi di maggio-giugno l'intero paese e attirano non solo l'interesse di tanti spettatori e telespettatori, ma anche i migliori ciclisti del mondo, a caccia della mitica "maglia rosa".

L'**automobilismo** è molto seguito in Italia, soprattutto per merito della *Ferrari*. Non è tanto importante che vincano i piloti italiani di *Formula 1*, ma che la scuderia* di Maranello, che ha milioni di sostenitori in tutto il mondo, conquisti Gran Premi e Campionati, anche con piloti stranieri al volante*. Se il "cavallino rampante*" vince al Gran Premio di Monza, allora l'entusiasmo è ancora più grande.
Popolarissime sono anche le gare di moto, grazie ai successi dei piloti italiani, come ad esempio Valentino Rossi considerato tra i più grandi di tutti i tempi, ma anche della *Ducati*.
Sport, infine, come l'**atletica leggera**, il **nuoto** e lo **sci** hanno dato all'Italia importanti vittorie alle Olimpiadi e ai Campionati del mondo.

Glossario: campionato: serie di gare sportive per dare il titolo di campione al migliore atleta o alla migliore squadra; somma: quantità non precisata di denaro; antagonismo: rivalità, competizione; dilettante: che si dedica ad un'attività sportiva non per professione, ma per divertimento; tappa: nel giro ciclistico, la strada che si percorre in un giorno; scuderia: squadra di auto o di moto da corsa; al volante: alla guida dell'auto; rampante: detto di cavallo che solleva da terra le zampe anteriori; alpinismo: sport in cui si scalano le montagne, ci si arrampica sulle pareti delle montagne; bocce: gioco in cui vince chi manda le proprie palle, le bocce, più vicino al punto dov'è il pallino, il boccino; equitazione: andare a cavallo, svolgere gare sportive a cavallo; ridotto: reso più piccolo.

1. Le "Squadre Azzurre" di maggior successo sono quelle
- [ ] a. di ciclismo e di nuoto
- [ ] b. di calcio e di pallavolo
- [ ] c. di pallavolo e di pallacanestro
- [ ] d. di automobilismo e di atletica leggera

2. Le squadre italiane di calcio
- [ ] a. ottengono spesso successi a livello internazionale
- [ ] b. non hanno ancora vinto titoli europei
- [ ] c. non sono tanto ricche
- [ ] d. fanno giocare solo calciatori italiani

3. La *Ferrari*
- [ ] a. ha vinto più volte il Giro d'Italia
- [ ] b. ha sempre avuto piloti stranieri
- [ ] c. ha tifosi dappertutto
- [ ] d. ha sede a Monza

*Il **calcetto** è uno sport molto diffuso in Italia. Si tratta di calcio giocato tra squadre di cinque giocatori, ovviamente in campi di misure ridotte*.*

Il Giro d'Italia: una gara sempre durissima e, nello stesso tempo, affascinante. Organizzato per la prima volta nel 1909 da La Gazzetta dello Sport *(il colore rosa della sua carta spiega il colore della maglia riservata al vincitore), copre circa 4.000 km. L'Italia può contare tra i più grandi ciclisti del mondo: Fausto Coppi e Gino Bartali (foto in alto) negli anni '40 e '50, Francesco Moser negli anni '80, Marco Pantani negli anni '90 e tanti altri.*

*La **ginnastica** (artistica e ritmica) ha dato all'Italia diverse soddisfazioni, con le "giovani-azzurre" che a volte hanno ottenuto dei buoni successi. Ma l'atleta più titolato è Jury Chechi, cinque volte campione del mondo e una volta olimpionico.*

*Ogni inverno milioni di italiani si dedicano allo **sci**, una disciplina sportiva che ha dato molte soddisfazioni all'Italia, soprattutto a partire dagli anni '70.*

Attività online

Autovalutazione

Che cosa ricordate delle unità 4 e 5?

1. Sapete...? Abbinate le due colonne.

1. contraddire qualcuno
2. permettere
3. tollerare
4. esprimere incertezza
5. precisare

a. Vuoi invitare anche Carla? Fai pure!
b. A me non piace... però fa' come vuoi!
c. Non sono sicuro che sia andata così.
d. Lei è mia nipote, cioè la figlia di mia sorella.
e. Ma quale piazza, mamma? Sono stato a scuola!

2. Abbinate le frasi. Nella colonna a sinistra c'è una frase in più.

1. Alla fine pensi di studiare Medicina?
2. Mario lavora molte ore sebbene...
3. Ho saputo che si sono lasciati!
4. Finalmente si sposano!
5. Suo padre lo porta con sé affinché...
6. Ma tu perché hai detto questa cosa?

a. Già! L'ho capito quando ho visto Luisa da sola alla festa.
b. Neanche per sogno! Mi iscriverò a Farmacia!
c. ...impari presto il lavoro.
d. Così, per attaccare discorso.
e. Eh, meglio tardi che mai!

3. Completate o rispondete.

1. Lo sport di Fausto Coppi e quello di Valentino Rossi: ....
2. Altri due sport individuali che hanno dato vittorie all'Italia: ....
3. Due sport con il pallone: ....
4. Non richiede mai il congiuntivo: *perché / forse/ prima che*
5. Il congiuntivo presente (prima pers. sing.) di *leggere* e di *dire*: ....

4. Scegliete la parola adatta per ogni frase.

1. La Ferrari ha già vinto tre *gare/tappe/partite* di Formula 1 quest'anno.
2. Ti dirò tutto *tranne che/a patto che/nel caso in cui* tu non dica niente a nessuno.
3. Secondo me è *opportuno/impossibile/necessario* che Anna abbia parlato così.
4. Hai dei problemi perché non fai *buona alimentazione/sport/vita sedentaria*.
5. Per secoli l'Italia è stata sotto l'*immigrazione/indipendenza/occupazione* straniera.

Verificate le vostre risposte a pagina 154. Siete soddisfatti?

Pompei, Campania

1 **Completate secondo il modello.**

> Antonio, mi porti la borsa?
> *Certo! Te la porto subito.*

1. Massimo, per favore, mi presti il tuo motorino?
   ...Te lo... presterei, ma l'ha preso mio fratello.
2. Mamma, per piacere, mi daresti la tua sciarpa?
   ...Te la... do se farai attenzione.
3. Gianni, mi puoi portare i tuoi appunti?
   ...Te li... porterei, ma li ho già dati a Marco.
4. Carlo, mi offriresti un caffè?
   Entra! ...Te l'... offro volentieri.
5. Roberto, mi presti la tua macchina?
   ...Te la... presterei volentieri, ma ha la batteria scarica.
6. **Angela, per favore, mi compri *la Repubblica* e il *Corriere della Sera*?**
   ...Te li... compro volentieri, vado proprio all'edicola.

2 **Come il precedente.**

1. **Signorina, ci potrebbe prestare questi cd di Lucio Battisti?**
   ...Ve li... presto, ma non sono in buone condizioni.
2. **Dino, quando ci farai vedere le ultime fotografie?**
   ...Ve le... farò vedere appena le avrò pronte.
3. **Papà, mi presteresti la tua cravatta blu?**
   ...Te la... presterò, ma solo per questa volta!
4. **È vero che i Milani vi hanno regalato un bellissimo vaso cinese?**
   Sì, è vero! ...Ce l'... hanno regalato per il nostro anniversario.
5. **Mauro, perché ci chiedi dov'è il tuo motorino?**
   ...Ve lo... chiedo perché lo avevate voi dieci minuti fa!
6. **Ma chi vi darà tutti questi soldi?**
   ...Ce li... darà il padre di Aldo.

Lucio Battisti

3 **Completate le frasi con i pronomi combinati, secondo il modello.**

> **Quando avrò finito di leggere il libro .... restituirò subito.**
> *Quando avrò finito di leggere il libro te lo restituirò subito.*

1. **Se vuoi questa rivista, ...te la... compro volentieri.**
2. **Se vuoi queste riviste, ...te le... compro volentieri.**
3. Se Paolo vuole questo libro, ...glielo... porto io.
4. Se Anna vuole questi giornali, ...glieli... porto io.
5. Ti ricordi il libro che ti ho prestato? Quando ...me lo... restituisci?
6. Ti ricordi i libri che ti ho prestato? Quando ...me li... restituisci?

4 **Come il precedente.**

1. Se i bambini vogliono quel giocattolo, ... compro io.
2. Se le tue figlie vogliono quei giocattoli, ... compro io.
3. Se volete conoscere quella ragazza, ... presento volentieri.
4. Se volete conoscere quelle ragazze, ... presento volentieri.
5. Papà, ci servirebbe la tua macchina: .... daresti per il weekend?
6. Papà, ci servirebbero 50 euro: .... daresti, per favore?

5 **Completate le frasi con i pronomi combinati.**

1. Ho ordinato una nuova macchina e .... consegneranno domani.
2. Ragazzi, sono arrivate le mie cugine dal paese e presto .... farò conoscere.
3. Signora, se desidera un succo di frutta, ... offro volentieri.
4. Ida, se vai a comprare il latte, ... prendi un litro di quello dietetico?
5. Quando verranno i tuoi genitori, ... farai conoscere?
6. Ragazzi, questo prodotto non è dei migliori e perciò non .... consiglio.
7. Carletto, non puoi mangiare tutti i cioccolatini: .... do solo due.
8. Dove troviamo due biglietti aerei per Londra? Non ti preoccupare, ... regalano i nostri genitori.

6 **Collegate tra loro le frasi inserendo il corretto pronome combinato.**

1. Ho finito il latte,
2. Se sei senza soldi
3. A Lucio hanno rubato la bicicletta:
4. Abbiamo già finito gli esercizi,
5. Se avete bisogno di fogli bianchi,
6. Se vogliono gli appunti,

ve ne
gliene
ce ne
te ne
me ne
gliene

diamo noi alcuni.
presto io una parte.
compri un litro?
regaliamo una noi?
dai degli altri?
do io un po'.

7 **Trasformate le frasi secondo il modello.**

> Se desideri quel disco, (*potere regalare*) io per il tuo onomastico.
> *Se desideri quel disco, posso regalartelo io per il tuo onomastico.*
> *Se desideri quel disco, te lo posso regalare io per il tuo onomastico.*

1. I documenti che mi hai chiesto (*potere mandare*) solo la prossima settimana.
....
....
2. Ho chiesto a Caterina il numero di telefono di Piero, ma non (*volere dare*).
....
....

3. Ti presto volentieri i miei cd, ma (*dovere restituire*) fra una settimana.
Ti presto volentieri i miei cd, ma devi restituirmeli/ me li devi restituire fra una settimana

4. Se non conosci i fatti, (*potere raccontare*) io.
dat/acc. Se non conosci i fatti posso io raccontarteli
Se non conosci i fatti te li posso raccontare

5. Ho bisogno di un buon caffè: signorina, (*potere preparare*) uno?
Ho bisogno di un buon caffè: signorina può prepararmene / me ne può preparare uno?

6. Se non conoscete il problema, (*potere parlare*) noi.
Se non conoscete il problema, possiamo parlarvene / ve ne possiamo parlare noi

8 **Completate i mini dialoghi con le espressioni viste a pagina 13 dello *Student's book*.**

1. *Gianni:* ...., ma non ho fatto in tempo a passare dalla lavanderia!
Tonia: ...., andrò io a ritirare il vestito nel pomeriggio.

2. *Impiegato:* ...., ma non posso rimanere, devo proprio andare via!
Direttore: ...., chiederò alla signorina Renata di sostituirLa.

3. *Franco:* ...., ma non avevo nessuna intenzione di offenderti!
Renato: ....; per fortuna, eravamo fra amici!

4. *moglie:* .... tanto, ma non posso capire il tuo atteggiamento!
marito: ...., non ho bisogno della tua comprensione!

9 **Completate secondo il modello.**

Chi ti ha comprato tutte queste camicie?
Me le ha comprate mia moglie.

1. Chi ti ha presentato Margherita?
Me l'ha presentata Giorgio.
2. Chi ti ha prestato il libro?
Me l'ha prestato Valeria.
3. Chi ti ha consigliato questa medicina?
Me la consigliata il farmacista.
4. Chi ti ha regalato questo romanzo?
Me l'ha regalato Giancarlo.
5. Chi ti ha dato questi cd?
Me li ha dati mio cugino.
6. Chi ti ha fatto queste belle fotografie?
Me le ha fatte Angela.

7. Chi ti ha dato il permesso di uscire?
Me l'ha dato il direttore.
8. Chi ti ha consigliato questo piatto?
Me lo ha consigliato il cameriere.

10 Rispondete alle domande.

1. Chi ti ha regalato questi orecchini?
Mi li ha regalati mio marito per il mio compleanno.
2. Hai fatto vedere le nostre foto ai ragazzi?
No, ancora non gliele ho fatte vedere!
3. Chi ti ha detto che Francesco e Massimo sono partiti?
Me l'ha detto Anna Rita.
4. Il professore vi ha spiegato i pronomi?
No, non ce li ha spiegati ancora.
5. Quando vi hanno consegnato la lettera?
Ce l'hanno consegnata una settimana fa.
6. Quanti esami ti hanno convalidato?
Me ne hanno convalidati dodici.

11 Completate come da modello.

Abbiamo ordinato una pizza e il cameriere ha portato (*a noi*) (*la pizza*) dopo un'ora.
Abbiamo ordinato una pizza e il cameriere ce l'ha portata dopo un'ora.

1. Valerio mi ha chiesto la bicicletta e io ho prestato (*a Valerio*) (*la bicicletta*).
Valerio mi ha chiesto la bicicletta e io gliel'ho prestata
2. Avevamo bisogno di una casa e anche se Riccardo ne aveva una libera non ha affittato (*a noi*) (*la casa*).
Avevamo bisogno di una casa e anche se Riccardo ne aveva una libera non ....
....
3. Serena colleziona schede telefoniche e io ho mandato (*a Serena*) (*alcune schede telefoniche*).
Serena colleziona schede telefoniche e io gliene ho mandate alcune.
4. Appena ho saputo la notizia ho comunicato (*a voi*) (*la notizia*).
Appena ho saputo la notizia ve l'ho comunicata
5. Il direttore ha voluto sapere ciò che era successo e io ho spiegato (*al direttore*) (*l'accaduto*).
Il direttore ha voluto sapere ciò che era successo e io gliel'ho spiegato
6. Francesca cercava una macchina fotografica e noi abbiamo prestato (*a lei*) (*la macchina fotografica*).
Francesca cercava una macchina fotografica e noi gliel'abbiamo prestata

12 Rispondete alle domande.

1. **Ho saputo che hai telefonato a Rita! Ma chi ti ha dato il suo numero di telefono?**
   (*dare*) Me l'ha dato **lei stessa, quando ci siamo visti alla festa.**
2. Perché Carla e Paola non sono venute?
   Perché i loro genitori non (*permettere*) gliel'hanno permesso
3. Chi Le ha raccontato questo fatto, signora?
   (*raccontare*) Me l'ha raccontato un'amica.
4. Cinzia sa che domani arriva Vittorio?
   Sì, lo sa, (*dire*) gliel'ha detto Luigi.
5. Verranno sicuramente tutti i tuoi amici?
   Sì, verranno tutti, (*promettere*) me l'hanno promesso
6. È di Carlo quella bella macchina?
   No, (*prestare*) gliel'ha prestata suo cugino.

13 Completate le risposte dandogli un carattere di sorpresa o incredulità.

1. Hai saputo che Attilio ha comprato una *Ferrari*?
   Non l'ho saputo! Con il suo stipendio al massimo potrà permettersi una *Seicento*!
2. Mi ha telefonato Nicola e mi ha detto che si sposa fra una settimana.
   Chi l'avrebbe mai detto! Lui che era tanto contrario al matrimonio!
3. Sai che hanno arrestato Ilaria e Vanni?
   ....! Si tratta certamente di un errore!
4. Lo sai che vado per qualche giorno sulle Alpi?
   Scherzi?! ! Con questo tempo ti consiglio di andare al mare!
5. Hai saputo la novità? Hanno assunto Luciana come direttrice in un gran supermercato.
   No! ! Questa sì che è una bella notizia!
6. Hai sentito che il padre di Antonio ha avuto un incidente?
   No! ! Proprio lui, che è sempre così attento!
7. Lo sai che oggi le poste sono chiuse?
   ....! Come faccio a spedire questo pacco?
8. **Caro Paolo, ti comunico che il direttore ci darà una settimana di ferie pagate!**
   ....! **Sarà sicuramente uno scherzo!**

14 Completate con gli interrogativi.

1. Che cosa stanno facendo i bambini?
2. **Quale vestito metterai per la festa di laurea di Ilaria?**
3. Per chi sono queste bellissime rose rosse?
4. Che cosa pensi di fare durante le vacanze?
5. Chi ha chiamato?
6. **Da chi hai appreso la notizia del matrimonio di Davide?**

15 **Come il precedente.**

1. Oltre a Los Angeles, ... città visiterete in America?
2. .... colore, tra questi, preferisci?
3. .... Le posso offrire, signor Ballarin?
4. Per .... motivo ti dovrei credere?
5. .... ha preso i miei appunti?
6. Con .... pensate di partire, in treno o in aereo?

16 **Completate le domande con gli interrogativi.**

1. Di solito, ... ore studi al giorno?
2. .... non hai portato anche tua sorella?
3. .... esami ti restano per la laurea?
4. Da .... tempo studi l'italiano?
5. .... hai deciso di cambiare mestiere, il mese scorso?
6. Sai .... gente c'era alla festa?

17 **Come il precedente.**

1. Da .... importano questa frutta?
2. .... non cambi casa e vieni a vivere in centro?
3. .... chilometri dista Firenze da Bologna?
4. .... durerà ancora questa storia?
5. .... non dici come stanno veramente le cose?
6. .... strada ci rimane da fare?

18 **Inserite gli interrogativi dati nelle frasi.**

1. .... possiamo trovare un ristorante carino e a buon mercato?
2. .... vai in palestra, oggi o domani?
3. Secondo te, ... anni ha Silvia?
4. .... non cerchi di capire la situazione?
5. .... ragazze lavorano nella tua fabbrica?
6. .... arriverete a Milano?

quante
perché
quando
quando
quanti
dove

19 **Completate con le preposizioni.**

1. Se tu non ne hai voglia, vuol dire che andrò .... solo a mangiare .... ristorante.
2. Non riesco .... immaginare il tipo .... vita che conduce adesso che è diventato milionario!

3. Lisa ha una bellissima casa.............. periferia, ... mezzo .... verde.
4. Milano Fiori si trova .... pochi chilometri .... Milano; è un centro residenziale molto .... moda.
5. Invece .... lavorare, ... questo momento vorrei essere .... mare insieme .... mia famiglia.
6. Se non la smetti .... ridere, mi offendo .... serio!

20 **Scrivete i verbi che derivano dai seguenti sostantivi e formulate una frase con ciascuno di essi.**

1. aiuto ....
2. amore ....
3. promessa ....
4. pronuncia ....
5. studio ....
6. risposta ....

21 **Abbinate la professione con il verbo.**

1. professore	a. progettare
2. autista	b. cantare
3. cantante	c. studiare
4. cameriere	d. servire
5. studente	e. guidare
6. architetto	f. insegnare

6 **22** **Ascolto**

Ascoltate l'intervista ad un sociologo sull'abbandono scolastico e indicate l'affermazione giusta tra quelle proposte.

1. La dispersione scolastica è un fenomeno che riguarda soprattutto:
   - a. gli adolescenti
   - b. le ragazze
   - c. i bambini con genitori separati

2. Uno dei problemi alla base del fenomeno è:
   - a. la mancanza di comunicazione in famiglia
   - b. la televisione poco educativa
   - c. la scuola che annoia gli studenti

3. Secondo il sociologo i giovani di oggi hanno:
   - a. meno problemi di un tempo
   - b. troppe informazioni dai media
   - c. professori che li aiutano molto

4. La scuola, gli insegnanti dovrebbero:
- a. considerare solo il rendimento dello studente
- b. far lavorare di più gli studenti in classe
- c. capire il disagio dello studente adolescente

TEST FINALE

A **Completate il dialogo con i pronomi combinati (seguiti, se necessario, dall'ausiliare *avere*) e la desinenza giusta del participio.**

- Ciao Carla!
- Ciao Lucia!
- Che bella collana! È un regalo?
- Sì, ...regalat... Sergio per il nostro primo anniversario.
- Ah già, era il vostro anniversario! E tu, cosa gli hai regalat...?
- Avevo visto un orologio fantastico in un negozio in centro e ....regalat...
- Brava!
- Sì, ma sapevo che a lui piaceva: .... aveva dett... tante volte. E voi, avete idea di cosa regalarvi per il vostro anniversario?
- Non puoi immaginare cosa è successo! Il regalo più bello ....fatt... i miei genitori: ci hanno comprato due biglietti per una crociera nel Mediterraneo!
- Davvero? Magnifico! ....ho sempre dett... che hai due genitori meravigliosi!

B **Formulate le giuste domande a queste risposte:**

1. ....? Giorgio si occupa di finanza.
2. ....? È un tipo simpatico e vivace.
3. ....? Oggi è venerdì 22.
4. ....? Gioco a tennis con Enzo.
5. ....? Stasera vorrei andare al cinema.
6. ....? Sì, c'era un sacco di gente!

C **Scegliete la risposta corretta.**

1. - (1)............................ che stasera facciamo una cena a casa mia? La solita compagnia.
   - No, non (2)........................ . A che ora?

(1) a) Te l'ho detto
b) Glieľho detto
c) Te l'hanno detto

(2) a) ce lo dici
b) me l'avevi detto
c) te l'abbiamo detto

2. - Signora, (1)............................ io questa valigia così pesante!?
- Sì, grazie. Veramente... ne avrei un'altra. (2)............................

(1) a) te la porto
b) gliela porto
c) me la porto

(2) a) Gliele potrei dare?
b) Posso darla?
c) Gliela posso dare?

3. Sono certo che Alessandra (1)............................ i soldi se tu (2)............................ in modo più cortese e convincente.

(1) a) ce li avrebbe prestati
b) ve le avrebbe prestate
c) ce l'avrebbe prestati

(2) a) gliel'avessi chiesto
b) glielo avessi chiesti
c) gliel'avessi chiesti

4. A: Amore, nel pomeriggio andiamo a vedere il nostro nuovo appartamento.
B: No! (1)............................ Sei sicuro?
A: Eh sì, è arrivato il momento.
B: (2)............................ Finalmente avremo una casa tutta nostra!

(1) a) Non ci credere!
b) Quando?
c) Non è possibile!?

(2) a) Chi l'avrebbe mai detto?!
b) Allora?
c) Scherzi?! Quale?

5. - (1)............................ vuoi andare a vedere l'ultimo film con Brad Pitt?
- Ah, anche oggi pomeriggio! Non sai da (2)............................ tempo lo aspetto!

(1) a) Che cosa
b) Quando
c) Chi

(2) a) quale
b) che
c) quanto

6. Luigi è al secondo anno (1)............................ di Medicina, dovrebbe (2)............................ l'anno prossimo.

(1) a) fuori causa
b) fuori concorso
c) fuori corso

(2) a) diplomarsi
b) laurearsi
c) specializzarsi

D **Leggete le definizioni e risolvete il cruciverba.**

ORIZZONTALI:
3. Si danno all'università.
7. In questo momento.
8. Sogno spaventoso.
9. La scuola ... è frequentata dai bambini tra i 6 e gli 11 anni.

VERTICALI:
1. Una parola di undici lettere per esprimere incredulità.
2. Come mai?
4. Chi vuole diventarlo, deve prima di tutto laurearsi in Giurisprudenza.
5. Vi mangiano molti studenti universitari.
6. Architettura, Giurisprudenza, Medicina: sono delle ... universitarie.

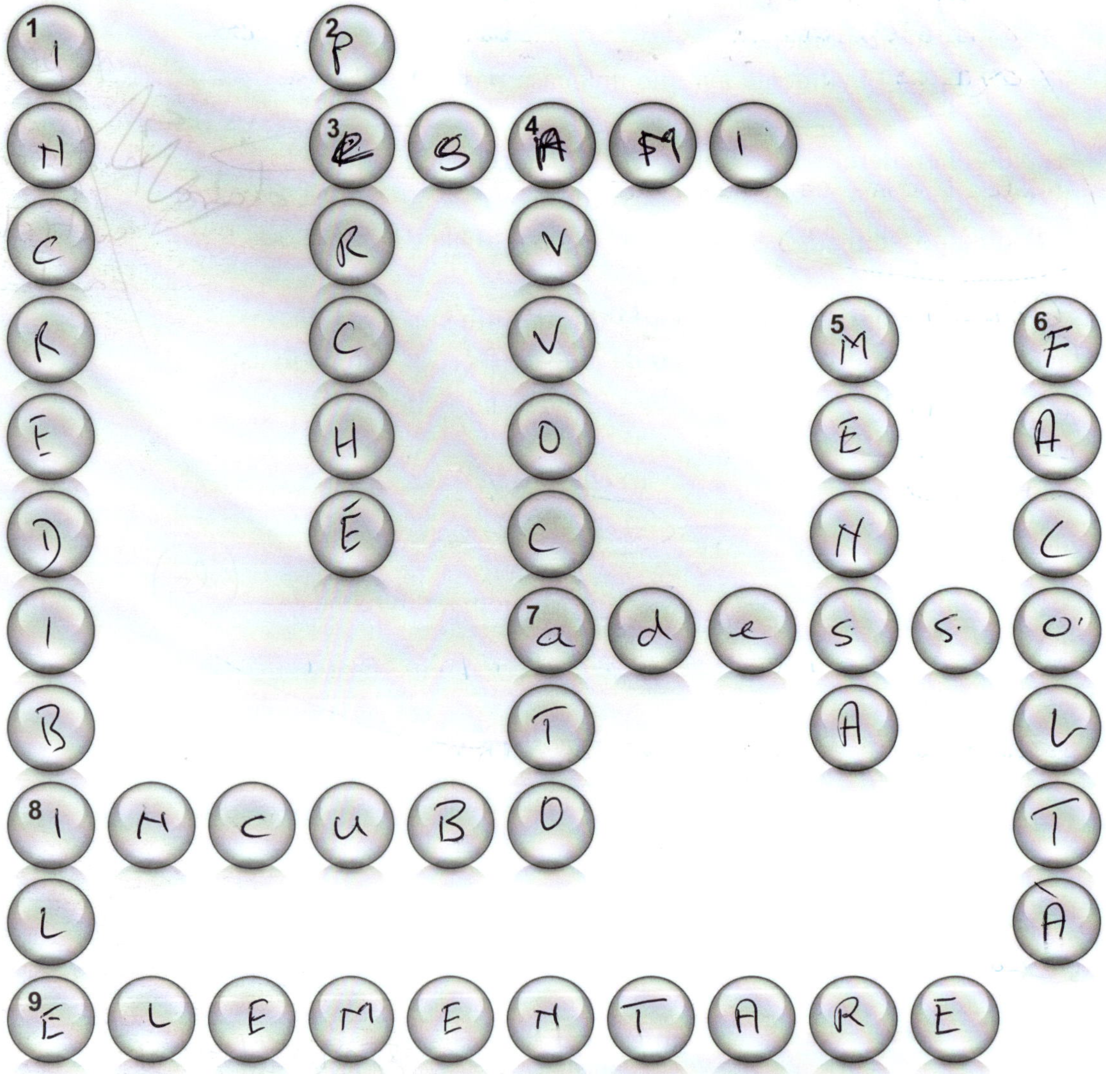

Risposte giuste: /38

Soldi e lavoro

1 **Completate con i pronomi relativi, come da modello.**

> Cinzia è una ragazza .... ama molto stare a casa.
> *Cinzia è una ragazza che (la quale) ama molto stare a casa.*

1. Il medico .... ha operato mio padre insegna anche all'università.
2. Gli studenti stranieri .... frequentano il liceo scientifico *Galileo Galilei* sono più del 30%.
3. Al mondo esistono persone .... non hanno nessun tipo di problema?
4. Le persone .... vogliono parlare al cellulare devono uscire dall'aula.
5. Il fidanzato di Sonia, ... abita a Milano, arriverà a Roma col treno delle 10.
6. Il professore .... segue la mia tesi è uno storico molto famoso.
7. Non sopporto le persone .... parlano male degli altri.
8. Verranno anche gli amici .... abitano con Rosa.

2 **Rispondete alle domande come da modello.**

> Conosci Valeria? (*frequenta il mio corso*)
> *Sì, è una ragazza che frequenta il mio corso.*

1. Conosci Bruno? (*scrive sul giornale cittadino*)
   Sì, è ....
2. Conosci Ambra e Lelia? (*frequentano la mia stessa facoltà, Psicologia*)
   Sì, sono ....
3. Conosci Lidia? (*lavora alla Fiat*)
   Sì, è ....
4. Conosci Massimo e Gianna? (*abitano nell'appartamento accanto al mio*)
   Sì, sono ....
5. Conosci Silvia e Tonino? (*si vestono in modo strano*)
   Sì, sono ....
   ....
6. Conosci Francesco e Corrado?
   (*incontro ogni mattina alla fermata dell'autobus*)
   Sì, sono ....
   ....

3 **Trasformate le frasi come da modello.**

Ho conosciuto un avvocato – questo avvocato sa il fatto suo.
Ho conosciuto un avvocato che sa il fatto suo.

1. Gianni osservava dalla finestra le macchine – le macchine passavano.
Giovanni osservava dalla finestra le macchine che passavano
2. Parlerò del tuo caso a mia cugina – mia cugina penso ci potrà aiutare.
Parlerò del tuo caso a mia cugina che penso ci potrà aiutare
3. Valeria ha un fratello – il fratello è innamorato di una mia amica.
Valeria ha un fratello che è innamorato di una mia amica
4. Avete preso il treno – il treno non va a Roma.
Avete preso il treno che non va a Roma
5. Remo è un ragazzo – Remo non prende mai le cose sul serio.
Remo è un ragazzo che non prende mai le cose sul serio
6. Alla fine ho comprato quell'anello – desideravo quell'anello da tanto.
Alla fine ho comprato quell'anello che desideravo da tanto.

4 **Rispondete alle domande secondo il modello.**

Chi è Marcella? (*Gianni esce con lei*)
È la ragazza con cui (con la quale) esce Gianni.

1. Chi è Fabiana? (*ho regalato a lei una torta*)
È la ragazza a cui/alla quale ho regalato una torta.
2. Chi è Cristiano? (*ho perso la testa per lui*)
È il ragazzo per cui/per il quale ho perso la testa
3. Chi sono Sergio e Matteo? (*di loro parla spesso mio fratello*)
Sono i ragazzi di cui/dei quale spesso mio fratello
4. Chi è Sara? (*ci fidiamo di lei*)
È la persona di cui/della quale ci fidiamo
5. Chi è Antonio? (*ho abitato da lui per un anno*)
È il ragazzo da cui/dal quale ho abitato per un anno.
6. Chi sono Federica e Monica? (*ho prestato a loro i miei appunti*)
Sono le ragazze a cui/alle quali ho prestato i miei appunti.

5 **Come il precedente.**

Chi sono Emma e Delia? (*parto con loro per le isole Tremiti*)
Sono le ragazze con cui parto per le isole Tremiti.

1. Chi è Giovanna? (*ho viaggiato con lei da Roma a Milano*)
È la ragazza con cui
2. Chi è Adriano? (*ho dato a lui il mio biglietto della partita*)
... a cui

3. Chi è Lorenzo? (*è interessante parlare con lui*)
con chi
4. Chi sono Gioia e Ivano? (*contiamo molto su loro*)
su cui
5. Chi è Antonella? (*sono innamorato di lei*)
di cui
6. Chi sono Tiziana e Carlo? (*esco ultimamente con loro*)
con cui

6 Unite le frasi utilizzando i relativi, come da modello.

> Sono tornato da un'isola – l'isola si trova vicino alla Spagna.
> *L'isola da cui sono tornato si trova vicino alla Spagna.*

1. Siamo ritornati con l'aereo – l'aereo è dell'Alitalia.
L'aereo con cui siamo ritornati è dell'Alitalia
2. Prendo lezioni da un professore – il professore abita vicino a casa mia.
Il professore da cui prendo lezioni abita vicino a casa mia
3. Sono andato da un avvocato – l'avvocato è bravo ma caro!
L'avvocato da cui sono andato è bravo, ma caro!
4. Fulvio scrive per una rivista – la rivista è molto famosa.
La rivista per cui Fulvio scrive è molto famoso
5. Stai bevendo in un bicchiere – il bicchiere è sporco.
Il bicchiere in cui stai bevendo è sporco
6. Ho dato delle informazioni ad un turista – il turista era americano.
Il turista a cui ho dato delle informazioni era americano

7 Come il precedente.

1. Hai messo il libro sul tavolo – il tavolo è molto antico.
Il tavolo su cui
2. Il treno si è fermato mezz'ora in una città – la città è famosa per il suo prosciutto.
La città in cui
3. Walter esce con una ragazza – la ragazza si chiama Eugenia.
La ragazza con cui
4. Parlavamo prima di un ragazzo – il ragazzo è arrivato da poco.
Il ragazzo di cui
5. Mario telefona tutte le sere ad una ragazza – la ragazza si chiama Paola.
La ragazza a cui
6. Vado sempre da una parrucchiera – la parrucchiera è molto brava.
La parrucchiera da cui vado sempre

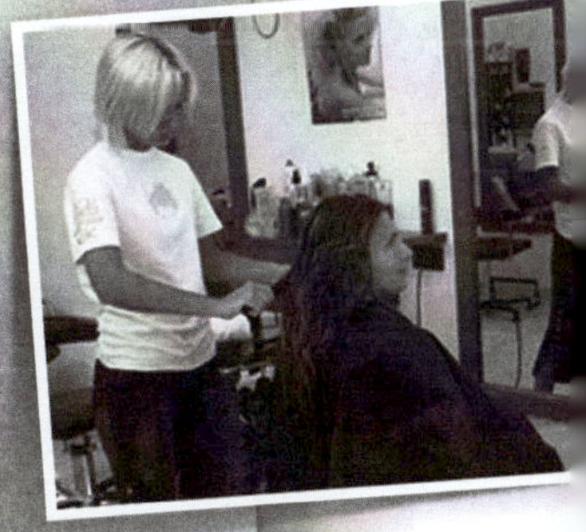

8 Completate le seguenti frasi con i pronomi relativi.

1. La città .... vivo è abbastanza tranquilla.
2. La carta di credito .... volevamo pagare era scaduta.
3. I miei amici sono le persone .... maggiormente mi fido.
4. So quanto è difficile la situazione .... ti trovi.
5. Darei non so cosa per vederti felice con la persona .... ami.
6. Ce ne siamo andati proprio nel momento .... è arrivato Riccardo.
7. È meglio non aprirsi tanto con le persone .... non conosciamo.
8. Non posso veramente capire il motivo .... vuoi cambiare lavoro!

9 Completate con i pronomi relativi.

1. Le persone .... verranno a cena sono le stesse .... ho viaggiato in aereo.
2. Salvatore e Rosalia sono i cugini .... vivono in Sicilia e .... ho passato la mia gioventù.
3. Gli appunti .... cerchi sono sul tavolo .... si trova il vaso dei pesciolini rossi.
4. Vorrei andarmene in un'isola .... non abita nessuno!
5. La casa .... abitiamo è un meraviglioso appartamento .... abbiamo ereditato da mio nonno.
6. Ti prego, non mi parlare di vacanze .... bisogna spendere tanti soldi!

10 Completate con i relativi.

1. Il telefonino è un mezzo .... abbiamo bisogno.
2. Il parrucchiere .... vai è lo stesso .... andava mia sorella.
3. Grazie, hai trovato proprio le parole .... avevo bisogno!
4. Non mi piacciono gli amici .... esci in questo periodo!
5. La persona .... ho affidato il lavoro ha un'esperienza di oltre 20 anni.
6. Sapete chi è la persona .... state parlando così male? ... Mio fratello!

11 Collegate le due frasi come da modello.

Amo un ragazzo – gli occhi del ragazzo sono verdi.
Amo un ragazzo, i cui occhi sono verdi.

1. Sono andato in una banca – i dipendenti della banca facevano sciopero.
....
2. Uso una crema idratante – gli effetti della crema sono miracolosi.
....

3. Ivo e Daniel, – i genitori di Ivo e Daniel vivono a Rio de Janeiro, telefonano spesso in Brasile.
....
4. Ecco il professor Marini – le conferenze del professore Marini sono molto interessanti.
....
5. Ho visto un film – il regista di questo film non deve essere tanto conosciuto.
....
6. Leggo un romanzo – l'autore del romanzo è molto noto.
....
7. L'Inghilterra è un paese – le tradizioni dell'Inghilterra sono antichissime.
....
8. Ho comprato una macchina – il prezzo della macchina era veramente vantaggioso.
....

12 Completate con le parole date nel riquadro.

1. .... cerca trova.
2. Dimmi .... vai e ti dirò chi sei!
3. Non ricordo .... è stata questa bellissima idea!!
4. È una situazione difficile: non so .... credere!
5. Beato .... ti capisce!
6. Dopo quello che è successo non sappiamo più .... contare.
7. Ho chiesto, ma non mi ha voluto dire .... ha avuto l'informazione.
8. Stai attento .... scegli come amico!

su chi
chi
chi
a chi
da chi
di chi
con chi
a chi

13 Completate le frasi utilizzando le espressioni date alla rinfusa.

colui che - coloro che - quello che - tutto quello che -
chi - il che - coloro che - colei che

1. Ricordati sempre di .... ti hanno aiutato!
2. Non fidarti di .... non conosci bene.
3. Brunella oltre ad essere una bella ragazza ha anche una bella casa, ... non guasta!
4. Spesso .... non si accontentano di quello che hanno, non vivono una vita tranquilla.
5. Non puoi immaginare .... è successo dopo che te ne sei andato.
6. Alessandro non aveva fame e non ha toccato niente di .... avevo preparato.
7. .... alla fine dell'anno avrà i voti più alti, vincerà una borsa di studio.
8. Regaleranno un simpatico gadget a tutte le ragazze presenti e una crociera a .... vincerà il titolo di "Miss Estate".

14 Completate le seguenti frasi con le espressioni *stare + gerundio* o *stare per + infinito*.

1. (*Fare*) .... la doccia, per questo non ho sentito il telefono.
2. Sono molte le persone che vanno via da quel Paese: al telegiornale hanno detto che (*scoppiare*) .... una guerra civile.
3. Perché hai quella faccia, Stefania? A cosa (*pensare*) ....?
4. (*Uscire*) ...., per questo non ho risposto al telefono.
5. (*Sposare*) .... un uomo orribile! Per fortuna l'ho capito in tempo!
6. - Giulia, cosa fai? Usciamo? - No, grazie! (*Leggere*) .... un bellissimo libro di Dacia Maraini e lo voglio finire prima di stasera.

15 Completate con le preposizioni.

1. Gli italiani, generalmente, vanno .... vacanza .... agosto.
2. .... il suo compleanno regalerò .... mia figlia un anello .... oro.
3. È .... un anno che ho cominciato .... studiare l'italiano, ma già posso capire abbastanza.
4. Mi sono sposata .... 18 anni e ho due figlie, una .... 15 ed un'altra .... 19 anni.
5. Quello che ti ho detto deve assolutamente rimanere .... noi, mi devi promettere che non dirai niente .... nessuno!
6. Non ti preoccupare, sarò sotto casa tua prima .... otto, ma se per caso farò tardi, aspettami .... fermata .... 15.
7. Sono rimasto .... ufficio tutta la giornata e adesso non vedo l'ora .... tornare .... casa.
8. Credi più .... me o .... quello che dicono i tuoi amici?

16 Completate le seguenti frasi scegliendo la parola opportuna tra le quattro proposte.

1. Non ho capito bene cosa ha detto .... c'era molto rumore.
   - perciò
   - quando
   - siccome
   - perché

2. Nessuno voleva prestargli gli appunti, ... glieli ho prestati io.
   - così
   - perché
   - finché
   - nonostante

3. Non avevo studiato molto .... ho preferito non dare l'esame.
   - oppure
   - ma
   - perciò
   - nonostante

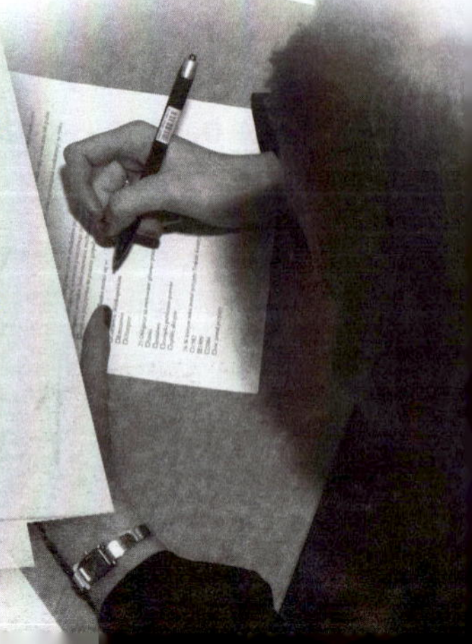

4. Vengo a studiare da te .... preferisci venire a casa mia?
   - ma
   - allora
   - o
   - quindi

5. Vorrei proprio sapere .... trova il tempo di fare tutto!
   - anzi
   - allora
   - fino a
   - dove

6. Ha sempre avuto tutto dalla vita, ... non è mai soddisfatto!
   - quindi
   - però
   - perché
   - così

17 **Completate le frasi con i sostantivi corrispondenti agli aggettivi dati tra parentesi.**

1. Non ho avuto nessuna .... a trovare la strada per casa tua. (*difficile*)
2. Durante il viaggio in treno per vincere la .... ho letto e ho dormito un po'. (*noioso*)
3. Per una volta che ha detto la ...., nessuno gli ha creduto! (*vero*)
4. In autostrada c'è sempre un limite di .... (*veloce*)
5. Come si dice in questi casi: tanto .... per niente! (*rumoroso*)
6. La .... di Venezia è famosa in tutto il mondo. (*bello*)

18 **Inserite l'aggettivo corretto, e il suo contrario, in ogni frase. Attenzione: ci sono 2 aggettivi in più!**

disoccupato - sconosciuto - forte - lenta - difficile - occupato
veloce - facile - alto - chiusa - debole - conosciuto - aperta - basso

1. Un giocatore di pallacanestro è ....
2. Un esame che richiede molto studio è ....
3. Laura conosce poche persone, è una ragazza ....
4. Un giovane che è senza lavoro è ....
5. Giorgio Armani è uno stilista ....
6. Una macchina che va a 200 Km all'ora è ....

19 Completate, con le parole date nella pagina accanto, la lettera che Federico Blasi ha inviato alla *Starcom Italia*, un'azienda di telecomunicazioni che cerca un nuovo direttore del personale.

Federico Blasi
Via G. Bruno, 156 - Milano

Uff. Personale
STARCOM ITALIA
Via Calatafimi, 341 - Milano

Milano, 12 settembre

In riferimento al vostro annuncio apparso in "Cercolavoro" del 9 settembre scorso, invio alla vostra cortese (1)...................... il mio C.V.
Come potrete vedere, sono in possesso di molti dei requisiti da Voi (2)......................: mi sono laureato in Economia e Commercio a pieni voti presso la Normale di Pisa e ho conseguito un master (3)...................... Management presso l'Università Bocconi di Milano. Precedentemente, ho ottenuto una (4)...................... di studio alla Princeton University, negli Stati Uniti, dove ho (5)...................... circa un anno. Questa importante esperienza mi ha dato anche l'opportunità di perfezionare la mia (6)......................dell'inglese, che ha ora raggiunto ottimi livelli.
Le mie competenze (7)...................... comprendono i più diffusi sistemi operativi e alcuni tra i più importanti software di scrittura e di grafica.
Non ho, è vero, una grande esperienza (8)......................: il mio primo impiego l'ho avuto due anni fa, come Responsabile Relazioni Estere, (9)...................... la *Sofydata* di Milano, un'azienda che si occupa (10)...................... elettronica, dove tuttora lavoro. Si tratta però di un'azienda che non offre molte prospettive e serie possibilità di carriera.
Questa è la ragione principale (11)...................... cui ho deciso di rispondere al vostro annuncio: la mia ambizione infatti è ricoprire un posto di responsabilità all'interno di una struttura lavorativa (12)...................... e di grandi dimensioni come la *Starcom Italia*, (13)...................... cui poter dimostrare la mia professionalità e metterla a disposizione dell'azienda.
In attesa di un vostro gentile riscontro, porgo i miei più (14)...................... saluti.

Federico Blasi

1.	a. attenzione	b. fiducia	c. gentilezza
2.	a. domandati	b. voluti	c. richiesti
3.	a. con	b. per	c. in
4.	a. valigia	b. borsa	c. corsa
5.	a. trascorso	b. letto	c. collaborato
6.	a. cultura	b. conversazione	c. conoscenza
7.	a. informative	b. informatiche	c. informali
8.	a. professionista	b. teorica	c. lavorativa
9.	a. da	b. presso	c. in
10.	a. di	b. con	c. da
11.	a. a	b. con	c. per
12.	a. azienda	b. importante	c. locale
13.	a. da	b. in	c. con
14.	a. cordiali	b. buoni	c. gentili

10

20 Ascolto

Leggete le affermazioni che seguono e dopo ascoltate l'intervista a un impiegato di banca. Indicate le cinque informazioni presenti.

1. La persona intervistata è il vicedirettore della banca.
2. Il sito web della banca fornisce informazioni in quattro lingue.
3. Prima di firmare un contratto è sempre bene leggere le condizioni.
4. La banca offre molti servizi di diverso genere.
5. Tra i servizi, sono incluse operazioni di borsa.
6. I clienti non amano molto usare i servizi online della banca.
7. Esistono carte di credito prepagate.
8. **La banca offre servizi specifici per studenti stranieri.**

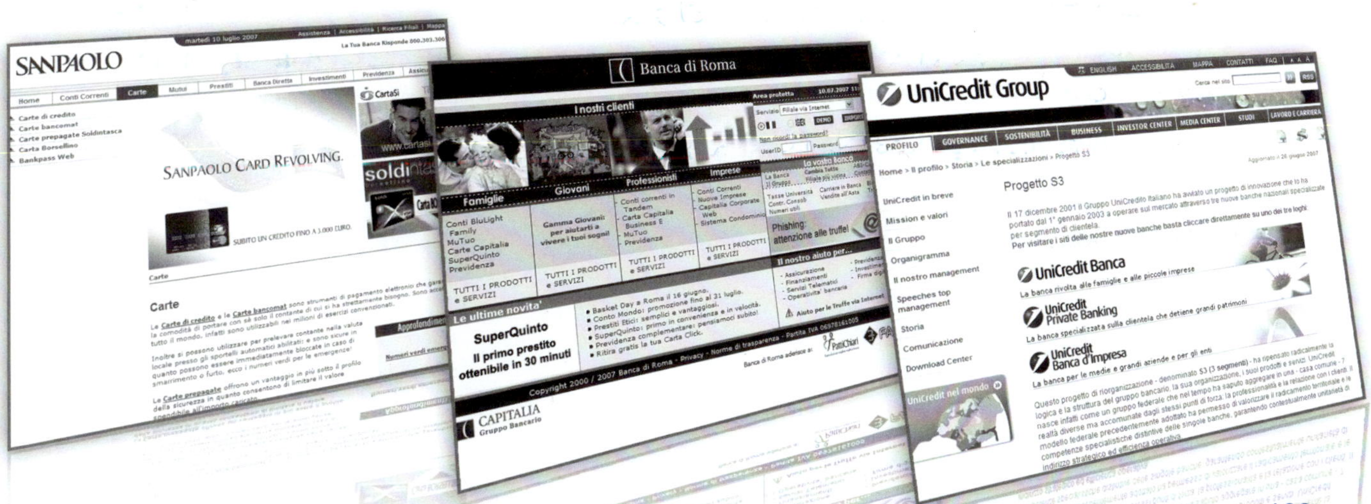

TEST FINALE

A **Completate il testo con i pronomi relativi.**

Mauro e i “mammoni” italiani

Questa è la storia di Mauro, un ragazzo (1)........................ cerca un lavoro sicuro da anni, come molti altri giovani italiani della sua età. Mauro ha 34 anni, (2)........................ 10 passati a fare lavori precari, cioè non stabili, e senza contratto, brevi stage, collaborazioni di pochi mesi (3)........................ prospettive erano poche e molto limitate. Naturalmente, il lavoro (4)........................ lui preferirebbe fare è l’architetto, professione (5)........................ .... ha studiato molto e (6)........................ vorrebbe dedicarsi a tempo pieno, ma purtroppo è un campo (7)........................ è difficile entrare, soprattutto per (8)........................, come Mauro, è ancora considerato “giovane”.

Un altro problema dell’Italia, infatti, è che sono considerati “giovani” tutti (9)........................ .... hanno fino a 30-35 anni, con il risultato che in Italia molti 35enni vivono ancora con i genitori, condizione (10)........................ si trovano spesso anche per necessità, visto che uno dei motivi (11)........................ non possono andare a vivere da soli è proprio la mancanza di un lavoro fisso per pagare l’affitto. È per questo che in Europa gli italiani sono famosi per essere “mammoni”, cioè ragazzi (12)........................ vivono ancora sotto la “protezione” della mamma.

B **Completate le frasi con i relativi dati.**

chi - il che - colui che - quelli che - coloro che - chi - chi

1. Chi cerca, trova. .... è quasi sempre vero.
2. .... fa per sé, fa per tre.
3. .... trova un amico, trova un tesoro.
4. Beati .... non pensano troppo, perché sono sempre felici.
5. L’ignorante non è .... non studia, ma .... non vuole capire.
6. Sono sempre .... amano troppo a soffrire di più!

C Scegliete la risposta corretta.

1. - Ho comprato un vestito nuovo (1)........................ desideravo da tempo.
- Non capisco il motivo (2)........................ continui a spendere metà del tuo stipendio in vestiti.

(1) a) la quale
b) cui
c) che

(2) a) per il quale
b) su cui
c) che

2. - "(1)........................ dorme non piglia pesci", lo sai?!
- Sì, ma la cosa (2)........................ ho più bisogno adesso è dormire!

(1) a) Chi
b) Colui
c) Su cui

(2) a) con cui
b) il che
c) di cui

3. "Gianni si è comportato male con me: (1)........................ non mi sembra giusto", diceva Mario a (2)........................ gli chiedevano spiegazioni sul suo comportamento.

(1) a) il che
b) il cui
c) di cui

(2) a) chi
b) tutti coloro che
c) i cui

4. (1)........................ Signor Carletti.
(2) Le porgiamo .... saluti.

(1) a) Egregio
b) Spettabile
c) Cordiale

(2) a) Cordialmente
b) Distinti
c) Tanti

5. La (1)........................ è la più grande industria automobilistica italiana e la sua sede centrale è a (2)........................

(1) a) Generali
b) Fiat
c) Telecom Italia

(2) a) Maranello
b) Milano
c) Torino

6. Il (1)........................ di questa lettera commerciale è il nostro (2)........................ di Siena.

(1) a) destinatario
b) destinato
c) destino

(2) a) edificio
b) sportello
c) ufficio

D **Leggete le definizioni e risolvete il cruciverba.**

ORIZZONTALI:
1. Chi desidera fortemente avere successo, potere e denaro.
4. Veicolo a due ruote, con motore e capace di raggiungere alte velocità.
7. Società di grandi dimensioni e di notevole importanza.

VERTICALI:
1. Grande strada extraurbana a pagamento, riservata al traffico veloce e vietata ai pedoni.
2. Tutto il settore relativo alla produzione, alla distribuzione e al consumo di beni e servizi di un paese.
3. Insegnante donna delle scuole elementari.
5. Interpretazione sbagliata delle parole o del comportamento altrui.
6. **Chi trova un amico, trova un...**

Risposte giuste: /39

1 Completate le seguenti frasi con il verbo *farcela* o *andarsene*.

1. Mamma, papà... finalmente ce l'ho fatta: ho avuto quel posto di lavoro!
2. Se non ce la fai, ti posso dare una mano.
3. Perché ieri sera Claudia se n'è andata senza salutare nessuno?
4. L'esame non è così difficile, sono sicuro che puoi farcela!
5. Verremo sicuramente, ma ce ne andremo presto.
6. Se quei ragazzi non se ne vanno subito, chiamo la polizia!

2 Formulate delle frasi secondo il modello.

> Carlo - alto - Angelo
> (+) *Carlo è più alto di Angelo.*
> (–) *Carlo è meno alto di Angelo.*
> (=) *Carlo è (tanto) alto quanto Angelo.*

1. Questo quadro - bello - quello
   (+) Questo quadro è più bello di quello
   (=) Questo quadro è meno bello di quello
   è (così) bello come quello

2. Marcella - simpatica - Monica
   (+) M. è più simpatica di M.
   (–) M. è meno " di "

3. L'italiano - difficile - tedesco
   (–) L'italiano è più difficile del tedesco
   (=) L'italiano è meno difficile del tedesco
   L'italiano è (tanto) difficile quanto il tedesco

4. Luigi - lavora - Stefano
   (=) Luigi lavora (tanto) quanto / meno di Stefano
   (+) Luigi lavora più di Stefano

5. I figli di Marco - educati - figli di Piero
   (–) I figli di Marco sono più educati dei
   (+) meno educati dei figli di Piero

6. La mia macchina - veloce - tua
   (=) La mia macchina è (tanto) veloce quanto tua
   (–) La mia macchina è meno veloce della tua

3 **Completate con delle comparazioni secondo il modello.**

Il vestito costa 100 euro, la gonna costa 50 euro. (*caro*)
Il vestito è più caro della gonna.
La gonna è meno cara del vestito.

Il vestito costa 100 euro, la gonna costa 100 euro.
Il vestito è caro quanto la gonna.

1. La mia valigia pesa 18 chili, la tua 8. (*pesante*)
   La mia valigia è più pesante della tua
   La tua valigia è meno pesante della mia

   La mia valigia pesa 18 chili, anche la tua ne pesa 18.
   La mia valigia è pesante ~~quanto~~ come la tua

2. Gianni ha sessantacinque anni, Claudio ne ha sessantatré. (*anziano*)
   Gianni è più anziano di Claudio
   Claudio è meno anziano di Gianni

   Gianni ha sessantacinque anni, anche Claudio ne ha sessantacinque.
   Gianni Gianni è (tanto) anziano quanto Claudio

3. La mia casa ha 5 camere più servizi, la tua ha 3 camere più servizi. (*grande*)
   La mia casa è più grande della tua
   La tua casa è più piccola della mia

   La mia casa ha 5 camere più servizi, anche la tua ha 5 camere più servizi.
   La mia casa è tanto grande quanto la tua

4. Roberto ha vinto al lotto 20.000 euro, Franco ne ha vinti 1.000. (*fortunato*)
   Roberto ~~ha vinto al lotto~~ è più fortunato di Franco
   Franco è meno fortunato di Roberto

   Roberto ha vinto al lotto 1.000 euro, lo stesso anche Franco.
   Roberto è tanto fortunato quanto Franco

5. Quando vado al cinema mi annoio, quando vado in discoteca raramente. (*noioso*)
   Il cinema ......è più noioso della discoteca
   La discoteca ...è meno noiosa del cinema

   Quando vado al cinema mi annoio, quando vado in discoteca anche.
   Il cinema ......è tanto noioso quanto la discoteca
   così come

6. Eros Ramazzotti vende molto all'estero, Giusy Ferreri non tanto. (*conosciuto*)
   Eros Ramazzotti ......è più conosciuto all'estero di GF
   Amedeo Minghi ......è meno conosciuto di GF

   Eros Ramazzotti vende molto all'estero, anche Tiziano Ferro vende bene.

   Eros Ramazzotti ......è tanto conosciuto quanto TF

4 **Dalle seguenti affermazioni deducete delle comparazioni, come nel modello dato.**

> Mario studia tre ore al giorno, Tonino cinque.
> *Mario studia meno di Tonino.*

1. In Italia la *Fiat* vende 130.000 macchine all'anno, la *Renault* 18.000.
   In Italia la *Fiat* vende ......più macchine della Renault
2. I calciatori guadagnano tanto, anche i giocatori di pallacanestro guadagnano tanto.
   I calciatori guadagnano ......quanto i giocatori di pallacanestro
3. Renato ha visitato molti paesi, Livio pochi.
   Livio ha viaggiato ......meno di Renato
4. Lo stipendio di Alfredo è di 2.000 euro, quello di Franco non arriva a 1.500.
   Alfredo guadagna ......più di Franco
5. Angela ha lavorato tutto il giorno, Roberta ha lavorato soltanto la mattina.
   Roberta ha lavorato ......meno di Angela
6. Silvia ha mangiato il primo, il secondo e il dolce; Luciana solo il secondo.
   Luciana ha mangiato ......meno di S.

5 **Formulate delle comparazioni scegliendo l'aggettivo giusto per ogni frase.**

nutriente - prezioso - grande - veloce - lungo - piccolo

1. Miele - zucchero
   Il miele è ....
2. Roma - Firenze
   Roma è ....
3. Argento - oro
   L'argento è ....
4. *Ferrari - Alfa Romeo*
   Una Ferrari è ....
5. Gatto - cavallo
   Il gatto è ....
6. Campo di calcio - campo da tennis
   Un campo di calcio è ....

6 **Completate i mini dialoghi con le giuste forme di comparazione.**

1. - Secondo me, domenica vincerà il Milan!
   - Ma non dire stupidaggini; quest'anno la Juventus è .... forte .... Milan.
   - Secondo me, la Juventus è .... fortunata .... forte.

2. - Patrizia è veramente una ragazza timida!
   - È vero, ma dovresti conoscere la sorella: è ancora .... timida .... lei.
   - Sì, l'ho conosciuta, ma la trovo .... riservata .... timida.

3. - Ti piace il mio nuovo stereo?
   - Sì, mi sembra decisamente .... bello .... quello che avevi prima!
   - Beh, quello di prima lo tenevo .... per ricordo .... per ascoltare musica.

4. - Perché viaggi in treno e non in aereo?
   - L'aereo sarà anche .... veloce .... treno, ma io ho paura.
   - Allora usa la macchina!
   - No, perché è .... comoda .... treno.

5. - Come va il tuo negozio di scarpe? Avete venduto molto?
   - Sì, quest'anno abbiamo venduto molte .... scarpe .... anno scorso.
   In particolare vendiamo .... scarpe da donna .... da uomo.

6. - Non so se Giacomo è più presuntuoso o più maleducato!
   - Secondo me è ...più... presuntuoso ...che... maleducato.
   - Tutto il contrario del fratello Riccardo!
   - Sì, è vero: Riccardo è molto ...più... simpatico ...di... Giacomo.

7 **Completate secondo il modello.**

> Scrivi molte e-mail ai tuoi amici?
> Mi piace *più* telefonare *che* scrivere.

1. Rita preferisce leggere o guardare la televisione?
   Rita lavora tanto, perciò la sera ha voglia ...più... di guardare la televisione ...che... di leggere.
2. Andiamo in macchina o in metrò?
   Con questo traffico, andare in metrò è ...più... comodo ...che... andare in macchina.
3. Che bella torta! È buona?
   Mah, secondo me questa torta è ...più... bella ...che... buona.
4. Dove fa più freddo, al sud o al nord?
   meno Al sud fa ...~~più~~... freddo ...che... al nord.
5. Sei ottimista o pessimista?
   In generale, sono ...più... ottimista ...che... pessimista.
6. Bevi più caffè o tè?
   Quando lavoro, bevo ...più... caffè ...ché... tè.

8 **Completate le seguenti frasi.**

1. I Grandi sono ricchi o benestanti?
   I signori Grandi ...più che... ricchi sono benestanti.
2. Oggi è facile trovare un lavoro?
   Veramente, oggi è ...più... difficile trovare un buon lavoro ...che... in passato.
3. Come mai vai tanto spesso a teatro?
   Il teatro mi affascina e perciò ...più che... andare al cinema mi piace andare a teatro.
4. Perché non vai allo stadio?
   Non sono un vero tifoso: ...più che... andare allo stadio preferisco vedere la partita alla TV.
5. Ti piace spendere o risparmiare?
   Purtroppo, spendere è ...più... facile ...che... risparmiare.
6. D'estate non deve essere piacevole rimanere in città.
   D'estate andare al mare è sicuramente ...più... piacevole ...che... restare in città.

9 Come il precedente.

1. Cristina studia l'inglese? Non l'avrei mai detto!
   Sai, imparare una lingua straniera è ormai ...più... una necessità ...che... una scelta.
2. Paola non scende mai a piedi.
   Chi abita al quarto piano ...più che... scendere le scale a piedi prende l'ascensore.
3. Ultimamente Tonia esce spesso.
   Tonia è una ragazzina e naturalmente ...più che... studiare le piace uscire.
4. Rosario non mangia mai fuori.
   Con il suo stipendio, mangiare a casa ...più che... una scelta è una necessità.
5. Alessandro non mi ha salutato, forse non mi ha visto. È sempre così distratto...
   Secondo me, ...più che... distratto è maleducato.
6. Alla festa del matrimonio di Margherita mi sono annoiato molto.
   Per forza: c'erano ...più... anziani ...che... giovani.

10 Rispondete liberamente alle domande.

1. Per te è più tranquilla la periferia o il centro della città?
   Per me è ...più tranquilla la periferia che il centro... (del)
2. Secondo te, Nicola è simpatico o affascinante?
   Secondo me, Nicola è ...più simpatico che affascinante...
3. Costa di più l'argento o l'oro?
   L'argento costa ...meno dell'oro...
4. Andrai in vacanza in Tunisia o in Spagna?
   È difficile decidere perché mi affascina ...la Tunisia più che la Spagna... (tanto ... quanto)
5. Milano è grande come Genova?
   Sicuramente Genova è ...meno grande di Milano...
6. Tu mangi più verdura o più carne?
   Io mangio ...più verdura che carne...

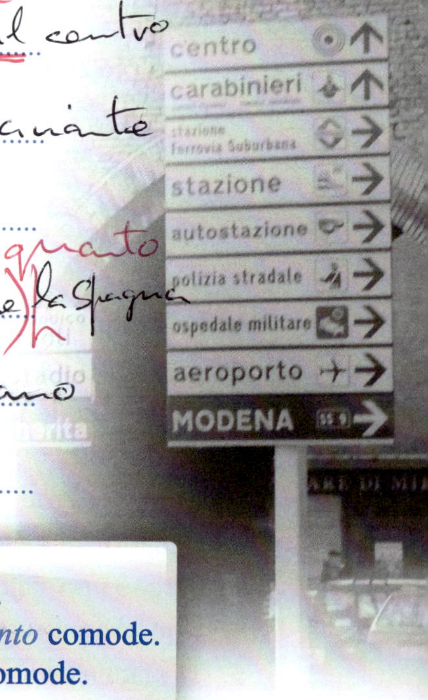

11 Trasformate come da modello.

Delle scarpe belle - comode.
Delle scarpe *tanto* belle *quanto* comode.
Delle scarpe *più* belle *che* comode.

1. Un ragazzo furbo - intelligente.
   Un ragazzo ...tanto furbo quanto intelligente...
   Un ragazzo ...più furbo che intelligente...
2. Un film interessante - violento.
   Un film ...tanto interessante quanto violento...
   Un film ...più interessante che violento...

3. Uno spettacolo lungo - piacevole.
   Uno spettacolo ....
   Uno spettacolo ....
4. Una gita inutile - stancante.
   Una gita ....
   Una gita ....
5. Una signora elegante - affascinante.
   Una signora ....
   Una signora ....
6. Una moto rumorosa - veloce.
   Una moto ....
   Una moto ....

12 **Completate come da modello.**

> Carlo/romantico/miei amici.
> *Carlo è il più romantico dei miei amici.*

1. Questa qui/importante trasmissione/RAI.
   Questa qui è ....
2. Quest'anno la Roma/forte squadra/Campionato italiano.
   Quest'anno la Roma è ....
3. Febbraio/mese/corto/anno.
   Febbraio è ....
4. L'estate/stagione/calda/anno.
   L'estate è ....
5. Il diamante/preziosa/pietre.
   Il diamante è ....
6. Marta/piccola/mie nipotine.
   Marta è ....

13 **Completate con il superlativo relativo.**

1. Capri è .... bella isola .... Tirreno.
2. La Lombardia è .... ricca .... regioni italiane?
3. L'inquinamento è .... problema .... serio .... grandi città.
4. Secondo me, è Roma .... bella città .... mondo!
5. Queste scarpe sono .... care .... questo negozio.
6. La Scala è .... teatro lirico .... famoso .... mondo.

14 **Completate le frasi con il superlativo assoluto degli aggettivi e degli avverbi.**

1. La situazione non è soltanto grave, è gravissima.
2. Per superare l'esame ha dovuto studiare molto, anzi moltissimo.
3. Non metterò mai più piede in quel ristorante: è molto caro, per non dire carissimo.
4. Firenze non è semplicemente bella, è bellissima.
5. Dopo una bella doccia calda mi sento bene, anzi benissimo.
6. Quanto zucchero ha messo nel caffè? Non è dolce, è dolcissimo!

15 **Formate delle frasi con il superlativo assoluto e il superlativo relativo, secondo il modello.**

Villa - bella - quartiere
Questa villa è *bellissima*, ma non è *la più* bella *del* quartiere.

preziosissimo

1. Quadro - prezioso - museo
   Questo quadro è prezioso, ma non è il più
2. Donatella - simpatica - famiglia
   D è simpaticissima ma non è la più simpatica della famiglia
3. Esercizio di matematica - difficile - libro
   Questo esercizio di matematica è difficilissimo, ma non è il più difficile del libro
4. Vino - buono - ristorante
   Questo vino è buonissimo, ma non è il più buono del ristorante
5. Cellullare - piccolo - in commercio
   Questo cellullare è piccolissimo, ma non è il più piccolo in commerzio
6. Studente - bravo - scuola
   Questo studente è bravissimo, ma non è il più bravo della scuola

16 **In base alle informazioni date, scrivete più frasi possibili con le forme di comparazione conosciute finora.**

1. *Monti: altezza*
   Monte Cervino: m. 4.476; Monte Rosa: m. 4.634; Monte Everest: m. 8.844
   MC è meno alto dal MR e MR è più alto d
2. *Città: abitanti*
   Londra: 12 milioni; San Paolo: 25 milioni; Tokyo: 12 milioni
   Londra a TANTI abitanti QUANTI Tokyo ma non sono la città più popoloze
3. *Monumenti: periodo storico*
   Piramidi: 5000 a.C.; Partenone: V secolo a.C.; Colosseo: I secolo d.C.
   Le Piramidi sono un monumento antichissimo,

4. *Fiumi: lunghezza*
   Nilo: 6.671 Km.; Gange: 2.510 Km.; Po: 652 Km.
   ....
   ....

5. *Animali: dimensioni*
   Elefante; topo; cane
   ....
   ....
6. *Automobili: prezzo d'acquisto*
   Ferrari F430: € 200.000; Golf GT: € 13.750; Fiat Bravo: € 18.500
   ....
   ....

17 **Completate le frasi scegliendo tra le forme irregolari di comparativo e di superlativo.**

superiore - ottimo - pessimo - massimo - superiore - peggiore

1. Questo è un caso che richiede la .... attenzione!
2. Siamo ultimi in classifica: la mia squadra è la .... del campionato.
3. Quest'anno abbiamo avuto un inverno caldo; infatti la temperatura era .... alla media stagionale.
4. Sono veramente soddisfatto: i risultati sono stati .... alle aspettative.
5. Non sono contento per niente; abbiamo pagato tanto e il servizio era ....
6. Abbiamo comprato la casa perché era in .... condizioni.

18 **Come il precedente.**

minore - inferiore - pessimo - massimo - superiore - peggiore - maggiore - ottimo

1. La nostra palazzina ha tre piani: io abito all'ultimo, al piano .... i miei genitori e al primo ci abita mia sorella.
2. Che schifo! Questo caffè è .... ! Sicuramente il .... caffè mai bevuto!
3. Fernando è davvero antipatico: si crede .... a tutti solo perché è ricco!
4. A tennis, hai perso la partita perché non hai dato il ....
5. Ecco, questo è Carlo, il mio fratello ....: ha 2 anni più di me. Sara, invece, che ha compiuto ieri 8 anni, è la nostra sorella ....
6. Non dovresti rinunciare a questo lavoro, è davvero un' .... occasione per te!

19 Completate con le preposizioni i seguenti versi tratti da alcune famose canzoni italiane.

1. Lasciatemi cantare .... chitarra .... mano, lasciatemi cantare: sono un italiano. (Toto Cutugno, *L'italiano*)
2. Con te partirò, ... navi .... mari che io lo so, no no non esistono più... (Andrea Bocelli, *Con te partirò*)
3. Mi sono innamorato di te perché non avevo niente .... fare; il giorno volevo qualcuno .... incontrare, la notte volevo qualcuno .... sognare. (Luigi Tenco, *Mi sono innamorato di te*)
4. Sapore di sale, sapore di mare che hai .... pelle, che hai .... labbra, quando esci .... acqua e ti vieni .... sdraiare, vicino .... me, vicino .... me. (Gino Paoli, *Sapore di sale*)
5. Poi .... improvviso venivo .... vento rapito e cominciavo .... volare .... cielo infinito... Volare, oh oh, cantare oh oh oh... (Domenico Modugno, *Nel blu dipinto di blu*)
6. Azzurro, il pomeriggio è troppo azzurro e lungo .... me; mi accorgo .... non avere più risorse senza .... te. (Adriano Celentano, *Azzurro*)

20 Rispondete per iscritto al questionario di un albergo in cui avete alloggiato durante una vostra vacanza.

1. Motivo principale per cui ha scelto il nostro albergo.
....
....
2. È la prima volta che viene nel nostro albergo? Se non lo è, quando è venuto/a per la prima volta in uno dei nostri alberghi? Dove?
....
....
3. Tre aggettivi positivi e tre negativi per descrivere l'albergo.
....
....
4. Cosa non ha trovato in camera che avrebbe voluto trovare?
....
....
5. Cosa cambierebbe nel menù del ristorante?
....
....
6. Quali servizi, secondo Lei, dovrebbe aggiungere l'albergo?
....
....

21 Ascolto

Ascoltate l'intervista ad un albergatore e completate con le parole mancanti (massimo quattro parole).

1. Decisamente il periodo estivo (...); ci sono poi clienti .... che vengono nella nostra città praticamente tutto l'anno.
2. Negli ultimi anni abbiamo avuto ....
3. Tra l'altro sono molto molto contento dei miei collaboratori, ..., molto professionali.
4. Inoltre, abbiamo .... privato, e poi...
5. È un po' il nostro punto di forza la cucina, che ...., permette un po' di gustare tutti i sapori tipici della nostra regione.
6. ...sia a pranzo che a cena tutti i giorni c'è menù a scelta .... buffet con verdure fresche.

TEST FINALE

A **Alcune di queste frasi sono sbagliate: riscrivetele correttamente.**

1. Per me è più importante parlare di scrivere in una lingua straniera.
   ....
2. Giorgio è il più alto tra la sua classe.
   ....
3. Giovanna è una ragazza tanto bella quanto simpatica.
   ....
4. Una villa è la più costosa di un semplice appartamento.
   ....
5. La mia casa è la più nuova della tua.
   ....
6. Scusami, ma non ho potuto trovare una sistemazione migliore.
   ....

B **a)** **Leggete la brochure e completatela con i nomi dei luoghi o dei monumenti che avete incontrato nei testi di *Conosciamo l'Italia* e che vi diamo qui alla rinfusa (San Pietro - Asinelli - Vesuvio - Colosseo - Maggiore).**

AGENZIA *EASYTOUR* DI FIRENZE
OFFERTE PER LE VACANZE DI PASQUA:
prenotate all'ultimo minuto!!

1. Roma - Napoli in pullman (4 GIORNI, 3 NOTTI) - Partenza: da Firenze
Primo giorno:
ROMA ANTICA: il Foro romano e il (1)..............................; le catacombe sulla via Appia.
Secondo giorno:
LE PIAZZE DI ROMA: Piazza di Spagna, la Fontana di Trevi, Piazza Navona, il Campidoglio.
Pomeriggio: Piazza (2)............................ e il Vaticano.
Terzo giorno:
I MONUMENTI DI NAPOLI: Teatro San Carlo, il Maschio Angioino, il centro storico.
Quarto giorno:
DINTORNI DI NAPOLI: gita sul vulcano (3)..............................., Pompei ed Ercolano.
A partire da 400 € a persona.

2. Una domenica tra i sapori e i colori di Bologna
MATTINA - I COLORI: il centro storico di Bologna, la Torre della Garisenda e degli (4).............................. .
La cattedrale di S. Petronio, Piazza (5)............................. e Piazza del Nettuno.
POMERIGGIO - I SAPORI: assaggi di formaggi, salumi e degustazione dei migliori vini.
50 € a persona.

3. Palermo, capitale del Mediterraneo (2 GIORNI, 2 NOTTI) - Volo da Milano o Roma
PRIMO GIORNO - la Palermo araba e normanna: il centro storico, la chiesa di S. Giovanni degli Eremiti, la Torre Pisana.
SECONDO GIORNO - la Palermo barocca: le chiese e i palazzi del centro. Visita di Monreale.
320 € a persona.

b) **Scegliete la risposta corretta.**

1. Mi interessano le offerte dell'agenzia *Easytour* se voglio programmare:
a) la vacanza almeno tre mesi prima
b) delle vacanze per l'ultimo dell'anno
c) la vacanza all'ultimo momento

2. Se mi interessa la gastronomia scelgo la gita:
a) a Roma
b) a Bologna
c) a Palermo

3. Se ho paura dell'aereo non scelgo sicuramente la vacanza:
a) a Roma
b) a Bologna
c) a Palermo

C **Scegliete la risposta corretta.**

1. Per il nostro giardino, la pioggia è (1) tanto utile (2) quanto il sole.

(1)	a) quanto b) come c) tanto	(2)	a) così il b) quanto il c) del

2. Tutti dicono che Laura è una ragazza (1)............................., ma secondo me è più dolce (2) che simpatica.

(1)	a) più simpatica b) simpaticissima c) più simpaticissima	(2)	a) di b) della c) che

3. Vincenza è (1)......................... della compagnia, ma a scuola prende sempre i voti (2).........................

(1)	a) la più maggiore b) la maggiore c) più grande	(2)	a) più bassi b) più inferiori c) più pessimi

4. Sono certo che (1)............................., sarai (2).............................!

(1)	a) te la farai b) ce la farai c) ce ne farai	(2)	a) il migliore b) il meglio c) il bravo

5. Carmelo Conti, un pizzaiolo italiano, molti anni fa (1)............................. a lavorare in America. Ora è diventato famoso perché ha fatto una pizza di 250m², (2)............................. mondo.

(1)	a) se ne andava b) se ne è andata c) se ne è andato	(2)	a) la superiore del b) la massima del c) la più grande del

Risposte giuste: /24

1º Test di ricapitolazione (Unità 1, 2 e 3)

A Rispondete alle seguenti domande.

1. - Hai portato i libri a Maria?
   - Sì, ... due giorni fa.
2. - Quando vi hanno consegnato la macchina?
   - Non .... ancora.
3. - C'è una birra?
   - Nel frigo .... deve essere una ghiacciata, proprio come piace a te.
4. - Quando ci farai sapere se verrai anche tu a Pisa?
   - .... farò sapere entro domani.
5. - Ti è piaciuta la torta?
   - Sì, puoi dar .... un altro pezzo?
6. - Professore, nei nostri compiti ci sono molti errori?
   - Beh, ... abbastanza, ma pazienza: sbagliando, s'impara.

___/6

B Completate con gli interrogativi adatti.

1. .... farai adesso che tua moglie è partita?
2. .... volte devo dirtelo? Non voglio parlare più con lui!
3. Fra questi vestiti .... ti sembra più alla moda?
4. .... soldi hai con te?
5. A .... punto siete?
6. Per .... motivo mi cercavi?

___/6

C Completate con i pronomi adatti.

1. - Scusa, ... dai la penna (a me)?
   - Sì, ... do subito.
2. - Se vedi Filippo puoi dir .... di telefonar .... (a me)?
   - Sì, ... dico sicuramente.
3. - Ragazzi, siamo senza soldi, ... prestate 20 euro?
   - D'accordo, ... prestiamo!
4. - Ho telefonato a Giorgio, ma non .... ho detto la verità.
   - E perché non .... hai dett ....?
   - Perché mi vergognavo!
5. - Anna, hai visto Tommaso? Doveva darti un pacco.
   - Sì, ... ha dat ....

6. - Hai sentito? Nicoletta e Paolo hanno divorziato!
   - Chi .... ha dett ....?
   - .... ha dett .... Sonia, la sorella di Paolo.

/16

D **Completate con i verbi dati tra parentesi.**

1. Gli ospiti (*andarsene*) .... molto soddisfatti.
2. Se troviamo un taxi forse (*farcela*) .... a prendere il treno.
3. Per favore, (*andarsene*) .... tutti! Voglio rimanere da solo.
4. Ragazzi, se volete potete (*andarsene*) ....
5. Sì, mia figlia ora lavora: (*farcela*) .... a vincere il concorso!
6. Teresa è andata via di casa perché non (*farcela*) .... più a vivere con i suoi.

/6

E **Completate con i pronomi relativi.**

1. Questa è la persona .... ti ho parlato tante volte.
2. Chi sono Anna e Serena? Sono le ragazze .... ho conosciuto in Italia.
3. Questa è la casa .... ho abitato da bambino.
4. Non capisco il motivo .... non sei andato a lavorare.
5. Quello è il ragazzo .... è innamorata mia sorella.
6. Non sono molte le persone .... mi fido.

/6

F **Completate le seguenti frasi.**

1. Maria è bella, ma secondo me, ... bella è simpatica.
2. Paolo è molto intelligente; infatti, è il .... intelligente .... sua classe.
3. Questo mese ho speso mille euro, il mese scorso ne avevo spesi 800: questo mese ho speso .... quello passato.
4. Quest'anno la nostra ditta non è andata molto bene per cui i guadagni sono stati .... all'anno precedente.
5. Francesco è veramente un bel ragazzo, ma che dico, è ....
6. Non mi sono divertito per niente e sono stato male per diversi giorni: ho passato le .... vacanze della mia vita.
7. Nessuno può dire che una cultura è .... a un'altra.
8. Non c'è differenza, per me il caffè è buono .... il tè.

/8

Risposte giuste: /48

Un po' di storia

1 **Inserite il verbo alla corretta persona plurale del passato remoto.**

Io finii prima del previsto.
Noi finimmo prima del previsto.

1. Arrivai a Roma che era già notte.
   Noi arrivammo a Roma che era già l'alba.
2. Comprai questa casa 10 anni fa.
   Voi quando compraste la vostra casa?
3. Romina, dopo otto anni, scoprì di non amare più suo marito.
   Gianni e Romina, dopo otto anni, scoprirono di non amarsi più.
4. Capii subito che non diceva la verità.
   Noi capimmo subito che non diceva la verità.
5. Alla festa di Stefania mi divertii come un matto.
   Alla festa di Stefania ci divertimmo come matti.
6. Io finii prima di loro.
   Voi quando finiste?

2 **Mettete al passato remoto il verbo tra parentesi.**

1. Noi (*accompagnare*) accompagnammo Roberto alla fermata del metrò.
2. Tonino e suo fratello (*abitare*) abitarono per dieci anni in via Asiago.
3. Voi (*partire*) partiste per la Germania giovanissimi.
4. Loro (*credere*) crederono a tutto quello che avevano ascoltato.
5. Io (*temere*) temei per il peggio, ma poi tutto andò bene.
6. Tu, (*andare*) andasti a trovare Mario quando era malato?

3 **Completate secondo il modello.**

(*fondare*) Chi *fondò* Roma?

1. (*capire*)	I ragazzi non capirono che tu scherzavi.
2. (*cominciare*)	Quando cominciaste ad occuparti di computer?
3. (*bruciare*)	Non è certo che Nerone bruciò Roma.
4. (*scoprire*)	Cristoforo Colombo scoprì l'America per caso.
5. (*assassinare*)	I senatori stessi assassinarono Giulio Cesare.
6. (*morire*)	Mozart morì a soli 35 anni!

4 Come il precedente.

1. (*emigrare*) Milioni di italiani .... negli Stati Uniti.
2. (*partire*) Silvia e Federico .... senza salutarci.
3. (*trovare*) Noi .... la strada da soli.
4. (*parlare*) I due soci .... a lungo prima di decidere.
5. (*sentire*) Per un lungo periodo di tempo, io non .... parlare di lui.
6. (*inventare*) Nel 1896 Guglielmo Marconi .... il telegrafo senza fili.

5 Completate con le espressioni date.

voglio dire - mi spiego - in che senso - cioè - vale a dire - nel senso che

1. Forse non sono stato abbastanza chiaro e allora .... meglio.
2. La sua mi sembra una storia molto strana, ... molte cose non coincidono.
3. Non ho soldi, ... che non andrò in vacanza.
4. .... non trovi giusto il mio modo di fare?
5. Quando dico che probabilmente ci vedremo, ... che forse verrò!
6. Il direttore mi ha detto di non aver più bisogno di una segretaria: da domani, ..., sono disoccupata!

6 Completate secondo il modello.

(*essere*) Ricordo che in quell'occasione, voi non *foste* per niente gentili con gli ospiti.

1. (*avere*) I nostri vicini .... un incidente, ma senza gravi conseguenze.
2. (*dire*) .... che sarebbero passati, ma poi non si sono visti.
3. (*stare*) I ragazzi .... ad ascoltare in silenzio i rimproveri dei loro genitori.
4. (*dare*) Io non .... subito una risposta.
5. (*essere*) Quanti .... i re di Roma?
6. (*dire*) Quella sera tu .... alcune cose non proprio belle su di lui.

7 Come il precedente.

1. (*avere*) Giulio Cesare .... un figlio da Cleopatra.
2. (*essere*) La nostra .... veramente un'esperienza unica!
3. (*restare*) C'era tanta gente sul treno che io e mia madre .... in piedi per tutto il viaggio!
4. (*dire*) Simona gli .... chiaramente di andarsene, ma Antonio faceva finta di non capire.
5. (*dare*) Loro mi .... tanti buoni consigli.
6. (*fare*) L'anno scorso, Marina e Giorgio .... un bellissimo viaggio in Cina.

8 Trasformate secondo il modello. Consultate anche l'Appendice grammaticale.

> Non ci sono andato perché il giorno dopo dovevo alzarmi presto.
> *Non ci andai perché il giorno dopo dovevo alzarmi presto.*

1. Il professore ha tenuto una splendida lezione sugli antichi Romani.
   ....
2. Avevano detto che sarebbero rimasti solo due giorni.
   ....
3. Ho capito subito che non c'era niente da fare!
   ....
4. Sono stato male per tre giorni.
   ....
5. Abbiamo ricevuto l'invito troppo tardi, per questo non ci siamo andati.
   ....
6. È venuto direttamente dall'ufficio.
   ....

9 Mettete al passato remoto il verbo tra parentesi.

1. Gianna e Mario (*dire*) .... di non saper nulla di quella storia.
2. Quando (*essere*) .... certa del suo amore, (*sposarlo*) ....
3. Tre anni fa (*noi andare*) .... in Tunisia e (*noi comprare*) .... un sacco di cose inutili.
4. Siccome aspettavo alcuni colleghi per cena, (*mettere*) .... in ordine la casa.
5. Alla fine, (*tu fare*) .... in tempo a prendere l'aereo?
6. Sara e Walter non (*dare*) .... l'esame perché non erano preparati.

10 Rispondete alle domande secondo il modello. Consultate anche l'Appendice grammaticale.

> Perché non hai risposto alle mie e-mail?
> *Non risposi alle tue e-mail perché non le avevo ricevute.*

1. - Perché non hai chiesto scusa?
   - Non .... scusa perché avevo ragione.
2. - Quando è successo tutto questo?
   - .... subito dopo la vostra partenza.
3. - Come hai convinto tuo fratello a uscire con te?
   - Come lo .... una settimana fa: gli ho detto che c'era Elena!
4. - Mi hanno detto che hai pianto dopo la fine del film; è vero?
   - Sì, l'ultima volta che .... così tanto fu quando ero bambina.

5. - Perché non hai chiesto il mio parere prima di acquistare la macchina?
   - Semplice! Perché tu non ...chiedesti... il mio!
6. - Quando hai preso le ferie l'anno scorso?
   - L'anno scorso le ...presi... a Ferragosto: mai più!

a casa

11 **Mettete al passato remoto il verbo tra parentesi.**

1. Fra tanti paesi, i ragazzi (*scegliere*) ...scelsero... di passare la luna di miele a Malta.
2. Tanti anni fa (*io cadere*) ...~~cadei~~ caddi... dalle scale. (irreg.)
3. Francesca non (*volere*) ...volle... rimanere, nonostante le nostre insistenze.
4. Io non (*scendere*) ...~~scendei~~ scesi... subito perché non avevo sentito il citofono.
5. Alla mia domanda (*lui rispondere*) ...rispose... negativamente.
6. Loro (*discutere*) ...discussero... per ore di un problema, secondo me, inesistente.
7. Marco e Rosa (*esprimere*) ...~~esprimerono~~ espressero... con chiarezza il loro punto di vista.
8. Quando (*lui venire*) ...venne... a trovarci abitavamo ancora in via Moretti.

discussero / cf p. 58

12 **Trasformate secondo il modello.**

> Gli ho chiesto se poteva prestarmi la sua macchina.
> *Gli chiesi se poteva prestarmi la sua macchina.*

1. I volontari hanno raccolto tutti i rifiuti che c'erano nel parco.
   ....
2. Questo scrittore è nato quando la guerra era appena finita.
   ....
3. Avevo un fastidioso mal di gola, perciò ho smesso di fumare.
   ....
4. Enrico Fermi ha vinto il premio Nobel per la Fisica nel 1938.
   ....
5. Il discorso del sindaco non ha convinto nessuno!
   ....
6. Alla festa di Paolo ho ballato tanto e alla fine ero sfinito.
   ....

13 **Trasformate le frasi.**

> *1968* Scoppia il Maggio francese.
> *Nel 1968 scoppiò il Maggio francese.*

1. *1492* Muore Lorenzo il Magnifico, signore di Firenze.
   Nel 1492 morì ...
2. *1798* Nasce a Recanati il poeta Giacomo Leopardi.
   Nel 1798 nacque a Recanati il poeta ...

3. *1934* L'Accademia di Svezia assegna il Nobel per la Letteratura a Luigi Pirandello.
Nel 1934 l'Accademia ... assegnò il Nobel per ...
4. *1963* A Dallas muore in un attentato John Kennedy.
Nel 1963 a Dallas morì ...
5. *1978* Le Brigate Rosse rapiscono Aldo Moro.
Nel 1978 le Brigate Rosse rapirono
6. *2006* L'Italia conquista i Mondiali di calcio.
Nel 2006 l'Italia conquistò i

14 **La favola di Pinocchio: completate le frasi con i verbi al passato remoto o all'imperfetto e rimettete in ordine le sequenze della favola.**

(5) **A** In poco tempo Geppetto (*finire*) aveva finito il suo burattino, completo di braccia, mani, gambe e piedi.

(1) **B** C'era una volta Geppetto, un vecchio falegname che (*vivere*) visse viveva da solo in una piccola casa con la sola compagnia di un piccolo gatto e un pesce rosso.

(4) **C** Dopo gli occhi, (*fare*) fece il naso, ma il naso, appena fatto, (*cominciare*) cominciò a crescere e (*diventare*) diventò in pochi minuti un naso lunghissimo, impossibile da tagliare.

(2) **D** Un giorno, Geppetto (*decidere*) decise di costruire un burattino per avere qualcuno con cui parlare; allora (*prendere*) prese un grande pezzo di legno, gli attrezzi e (*cominciare*) cominciò a lavorare.

per modellare

(3) **E** Per cominciare gli (*fare*) fece il viso, i capelli e gli occhi e gli (*scegliere*) scelse un nome: Pinocchio. (*Stupirsi*) si stupì molto quando (*vedere*) vide che gli occhi di Pinocchio (*muoversi*) si muovevano e lo (*fissare*) fissavano! fissavano

(6) **F** Appena finito, il burattino (*alzarsi*) si alzò e (*cominciare*) cominciò a camminare! Geppetto non (*credere*) credeva ai suoi occhi! Il burattino (*camminare*) camminava e (*parlare*) parlava!

G Dopo il naso (*fare*) .... la bocca; ma la bocca, appena fatta, (*cominciare*) .... a ridere e poi (*tirare*) .... fuori la lingua.

La sequenza giusta è: ....

15 **Completate secondo il modello.**

Lo scusai dopo che (*ascoltare*) *ebbi ascoltato* le sue ragioni.

1. Appena (*ricevere*) .... i documenti, mi iscrissi all'università.
2. Me ne andai dopo che (*spiegargli*) .... il mio punto di vista.
3. Dopo che (*leggere*) .... la notizia sul giornale presero subito l'aereo e tornarono a casa.
4. Mio padre cambiò la sua macchina appena (*avere*) .... un aumento di stipendio.
5. Monica ci parlò di Vittorio dopo che lo (*sposare*) ....!
6. Non appena sua madre (*partire*) ...., Eugenia si mise a piangere.

16 **Come il precedente.**

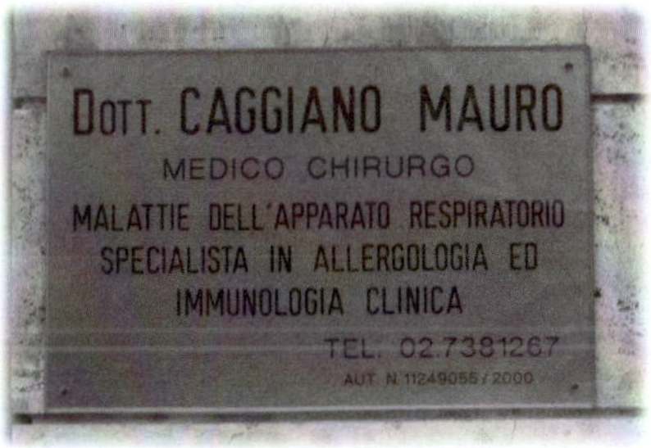

1. Appena (*prendere*) .... la laurea in Medicina, aprii uno studio medico in centro.
2. Non appena l'autobus (*partire*) ...., mi ricordai di non aver preso il mio computer portatile.
3. Nino si licenziò dalla sua ditta quando (*ricevere*) .... un'offerta migliore.
4. Dopo che (*aspettare*) .... più di mezz'ora, si ricordarono che di sabato le banche sono chiuse.
5. Morena poté avere il permesso di soggiorno dopo che (*superare*) .... una serie di difficoltà.
6. Dopo che (*tornare*) .... dal loro viaggio in America, decisero di iscriversi a un corso di inglese.

17 **Completate secondo il modello.**

(*dolce*) Mi ha parlato molto *dolcemente*.

1. (*generale*) .... le cose non vanno come vorremmo!
2. (*libero*) Non ti preoccupare, parla pure ....
3. (*elegante*) .... ci ha fatto capire che non aveva più bisogno di noi.
4. (*serio*) Smettetela, adesso parlo ....!
5. (*attuale*) .... stiamo attraversando un periodo di crisi.
6. (*sereno*) Abbiamo affrontato la situazione ....
7. (*esatto*) Ho fatto .... come avevi detto tu.
8. (*casuale*) L'ho incontrato .... alla stazione.

18 **Dagli aggettivi dati, ricavate gli avverbi corrispondenti e completate le frasi.**

recente - assoluto - minimo - giusto - inutile - personale - attento - probabile

1. Sei andata in qualche posto?
   .... sono stata in Tunisia.
2. Hai trovato il tuo anello?
   Ho cercato dappertutto, ma ....
3. Mi hai spedito i documenti?
   Sono andata .... alla posta.
4. Quando ci verrete a trovare?
   .... alla fine dell'estate.
5. Perché non invitiamo anche Miriam?
   Non ci pensare ....!
6. Come ha reagito?
   Avendo ragione, ... si è arrabbiato.
7. Hai letto i miei appunti?
   Sì, li ho letti .... Hai fatto un ottimo lavoro!
8. Verrai al cinema con noi?
   .... no! I film storici non mi piacciono per niente!

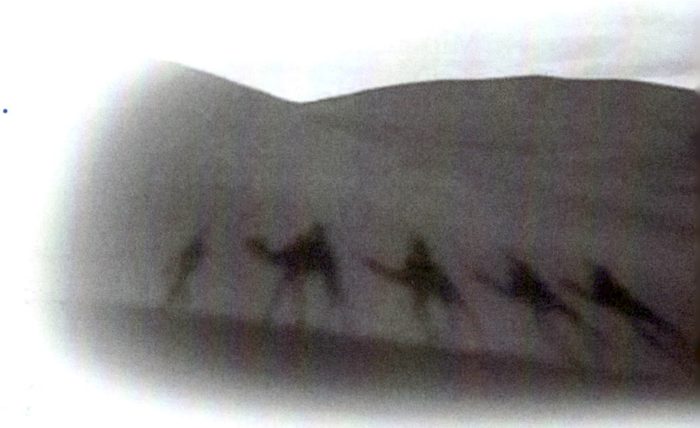

19 **Completate con le preposizioni.**

1. Da come parli, mi sembra .... capire che .... te è più facile spostarti .... bici piuttosto che .... macchina.
2. Visto che gli esami si avvicinano, andiamo .... qualche giorno .... mare?
3. Molte volte non crediamo .... cose che facciamo.
4. Puoi passare .... Paolo e prendere i miei appunti .... storia?
5. Oggi comunicare .... altri è molto più semplice grazie .... nuove tecnologie.
6. Se continuerà .... nevicare, questo fine settimana andrò sicuramente .... sciare.

20 Completate le seguenti frasi con la parola adatta.

1. - Com'è andata la gita a Roma?
   - Quale gita? Mauro si è ammalato, ... abbiamo deciso di rimandarla!
   A così **B** finché **C** se **D** sebbene

2. I ragazzi sono andati al cinema, ... il film non era bello come si aspettavano.
   A siccome **B** ma **C** allora **D** perché

3. Ti ho già parlato di Sabrina, ... sbaglio?
   A allora **B** o **C** che **D** eppure

4. Sai che non gli piace parlare dei suoi, ... non chiederglielo!
   A ovvero **B** però **C** anzi **D** quindi

5. Non ha passato l'esame .... negli ultimi tempi studiava pochissimo!
   A perché **B** finché **C** così **D** allora

6. .... ieri non avevo capito bene, oggi ho chiesto a Carla di ripetermi cosa è successo tra Gloria e Fabiana.
   A Quando **B** Siccome **C** Perciò **D** Se

17

21 Ascolto

Il brano che segue è una brevissima storia della lingua italiana; ascoltatelo e indicate l'affermazione giusta tra quelle proposte.

1. Il latino volgare
   - a. era la lingua ufficiale dell'antichità
   - b. è la lingua da cui nacquero alcune lingue moderne
   - c. era la lingua parlata durante l'Impero Romano
   - d. è la lingua più diffusa in Europa

2. L'italiano moderno
   - a. ha origine ai tempi dell'antica Roma
   - b. ha origini molto recenti
   - c. deriva dal dialetto parlato in Sicilia
   - d. deriva dal dialetto parlato a Firenze

3. La lingua italiana
   - a. ha avuto una storia lunga e difficile
   - b. non ha molti dialetti
   - c. ha poche parole di origine straniera
   - d. ha avuto molte modificazioni nel tempo

4. L'italiano standard
   - a. si sviluppa con l'Unità d'Italia
   - b. si diffonde grazie al fascismo
   - c. si afferma soprattutto al Nord Italia
   - d. si afferma soprattutto grazie alla tv

5. Oggi gli italiani
    - a. parlano più in dialetto che in italiano
    - b. a volte parlano in dialetto
    - c. non usano per niente i dialetti
    - d. imparano almeno un dialetto a scuola

6. Dal Trecento all'Ottocento
    - a. il toscano era il dialetto più importante
    - b. in Italia si parlava l'italiano standard
    - c. si parlava solo il latino
    - d. gli italiani usavano solo lingue straniere

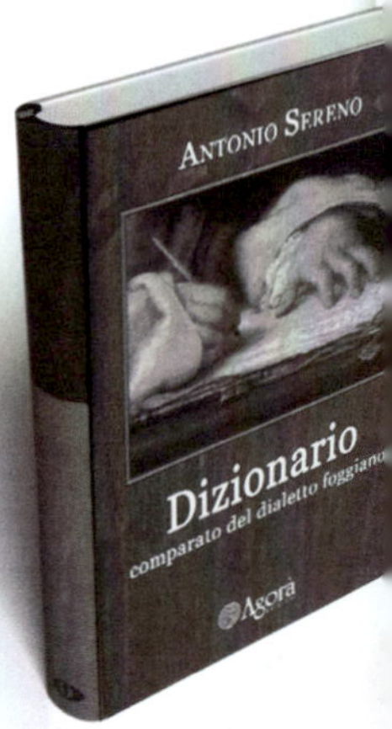

TEST FINALE

A **Scegliete la risposta corretta.**

1. Non appena (1)............................ la gravità della situazione (2)............................ in allarme l'intero quartiere.

(1) a) capivano
b) ebbero capito
c) avevano capito

(2) a) metteranno
b) avevano messo
c) misero

2. Il professore (1)............................ qualcosa, ma nessuno dei ragazzi presenti lo (2)............................ a sentire.

(1) a) ebbe detto
b) dice
c) disse

(2) a) è stato
b) sta
c) stava

3. Mentre la nave (1)............................, loro (2)............................ a sentire già nostalgia del loro Paese.

(1) a) partiva
b) partì
c) fu partita

(2) a) iniziano
b) iniziavano
c) iniziarono

4. In quell'occasione non (1)............................ bene, (2)............................ avresti almeno potuto chiederle scusa.

(1) a) ti comporterai
b) ti comportasti
c) ti comportavi

(2) a) niente affatto
b) voglio dire che
c) neanch'io

5. (1)............................ un soldato di nome Piero che, di fronte al nemico, (2)............................ di sparare...

(1) a) Ci sono due volte
b) C'era una volta
c) Ci fu un volto

(2) a) si rifiuterà
b) si rifiuterebbe
c) si rifiutò

6. - Professoressa, è vero che il (1)............................ è l'anno dell'Unità d'Italia?
- Sì, ragazzi ... e la monarchia durò fino al (2)............................ .

(1) a) 1870
b) 1861
c) 1867

(2) a) 1946
b) 1997
c) 1975

B **Quelle riportate di seguito sono le date più significative della vita di un grande italiano: Enzo Ferrari. Unitele in modo da ottenerne un piccolo racconto al passato remoto.**

1898 Enzo Ferrari nasce a Modena.

1919 Va a lavorare a Torino.

1919 Partecipa alla mitica corsa automobilistica *Targa Florio*.

1920 Comincia a lavorare all'*Alfa Romeo* con la quale collabora per diversi anni.

1929 Fonda a Modena la Scuderia *Ferrari*.

1943 La fabbrica *Ferrari* si trasferisce da Modena a Maranello.

1946 Inizia la costruzione della prima vettura *Ferrari*.

1960 L'Università di Bologna gli conferisce la laurea *honoris causa* in Ingegneria meccanica.

1972 Realizza la pista di Fiorano.

1988 L'Università di Modena gli conferisce la laurea *honoris causa* in Fisica. Muore a Modena nell'agosto dello stesso anno.

....

....

....

....

....

....

C **Leggete le definizioni e risolvete il cruciverba.**

ORIZZONTALI:
2. Il secolo XV in lettere.
3. Uno dei più grandi generali dell'antica Roma.
4. Il Meridione d'Italia si chiama anche...
7. L'avverbio di "felice".
8. Regime politico il cui potere è nelle mani di una sola persona.

VERTICALI:
1. Come si chiama lo scandalo che scoppiò in Italia agli inizi degli anni Novanta?
5. Infinito della forma verbale "foste".
6. Durante la II guerra mondiale presero le armi contro i fascisti e i tedeschi.

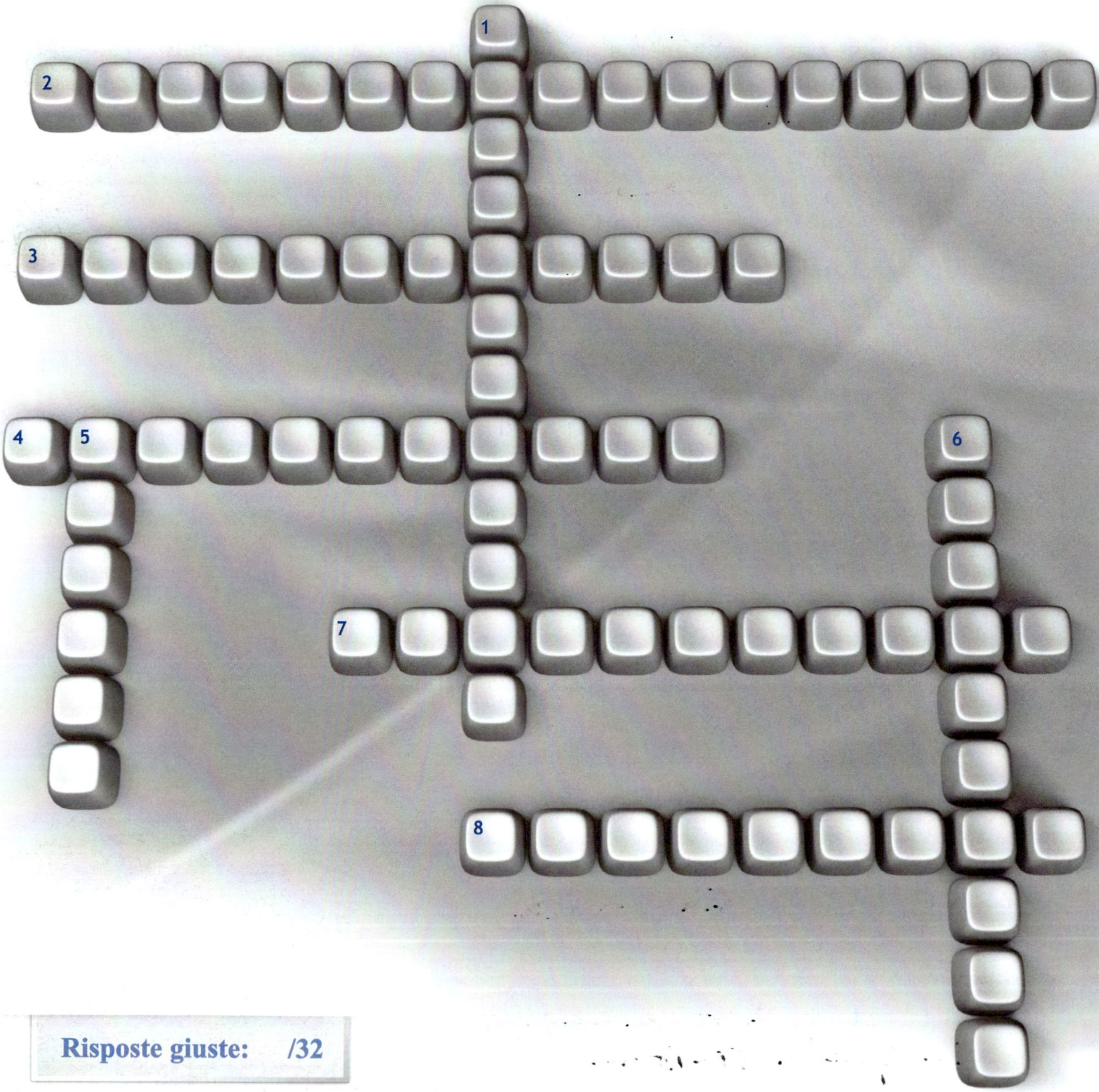

Risposte giuste: /32

Stare bene

X **1** **Completate con il congiuntivo presente, secondo il modello.**

> Francesco è nel suo ufficio.
> *Credo che Francesco sia nel suo ufficio.*

1. Stefano guarda la televisione.
   Credo che Stefano ....guardi.... troppa televisione.
2. Luigi arriva stasera?
   Tu pensi che ....arrivi.... stasera o domani?
3. I ragazzi hanno fame.
   Credo che i ragazzi ....abbiano.... molta fame.
4. Tu e Nicola siete in ritardo.
   Credo che ....sia.... in ritardo di 20 minuti.
5. Mario prende solo un caffè.
   Penso che Mario ....prenda.... sempre il caffè senza zucchero.
6. Noi partiamo oggi per Firenze.
   Loro pensano che ....partiamo.... domani, invece partiamo oggi.

X **2** **Completate con il congiuntivo presente, secondo il modello.**

> Mariella parte per il suo paese.
> *Non sono sicuro che Mariella parta per il suo paese.*

1. I signori Leone vendono la loro casa al mare.
   Non sono sicuro che ....
2. Tu non ti diverti tanto ultimamente.
   Mi pare che ....
3. Sono sicuro che voi avete qualche buon motivo per non venire con noi.
   Non sono sicuro che ....
4. I tuoi amici si trovano bene in Italia.
   Sembra che ....
   ....
5. Giorgio è a casa perché ha l'influenza.
   Ho l'impressione che ....sia .. ha....
   ....
6. Loro mangiano sempre in quella trattoria.
   Non sono certo che ....loro mangino....
   ....in quella trattoria....

3 **Completate le frasi con il congiuntivo presente dei verbi tra parentesi.**

1. Credo che i bambini (*avere*) ...abbiano... sonno, per questo sono agitati.
2. Queste vacanze sono diventate un inferno, speriamo che (*finire*) ...finisca... presto.
3. Bisogna che voi (*prendere*) ...prendiate... gli studi sul serio, altrimenti...
4. Che freddo, come mai? Sembra che non (*funzionare*) ...funz... l'impianto di riscaldamento.
5. Non sono sicuro che Antonio (*giocare*) ...giochi... ancora a tennis.
6. Non c'è più latte! È necessario che qualcuno (*scendere*) ...scenda... a prenderlo.

4 **Completate con il congiuntivo passato, secondo il modello.**

Quando torna Claudio?
Credo che Claudio sia tornato da un pezzo.

1. Anna ha comprato il giornale?
   Sì, ...credo che l'abbia comprato... stamattina.
2. Sapete se Sonia si è laureata?
   ...Credo che lei si sia laureata... l'anno scorso. laurearsi
3. Secondo te, chi ha pagato il viaggio di nozze?
   ...Credo che lo abbiano pagato... i genitori della sposa.
4. Rodolfo è mai venuto a Verona?
   ...che ci sia venuto... due anni fa.
5. Credi che finiscano prima di noi?
   ...Credo che abbiano finito... da mezz'ora circa.
6. Chi avrà vinto la partita?
   Spero ...che l'abbia vinta... l'Italia!

5 **Completate con il congiuntivo passato, secondo il modello.**

Non credo che lui (*usare*) *abbia usato* il tuo cellulare.

1. Credo che Gina (*uscire*) .... con la tua macchina.
2. È probabile che loro (*andarsene*) .... prima del nostro arrivo.
3. Non siamo sicuri che voi (*fare*) .... tutto il possibile per aiutarci.
4. Ho l'impressione che Giulio (*partire*) .... senza dirmi niente!
5. Sono contento che tua figlia (*vincere*) .... il concorso.
6. Mi sembra che Carlo (*andare*) .... al cinema con Loredana.

6 Come il precedente.

1. Non credo che (*essere*) .... sincero e che (*raccontare*) .... tutto quello che sapeva.
2. Mi pare che i ragazzi (*dare*) .... il meglio di se stessi!
3. È molto probabile che Valerio (*passare*) .... da Rosa.
4. Se non hanno risposto alla tua lettera, può darsi che non (*riceverla*) ....
5. Non vogliono venire all'opera perché credo che (*vedere*) .... già .... lo spettacolo.
6. È impossibile che i miei ragazzi (*comportarsi*) .... da maleducati!

7 Coniugate al congiuntivo presente i verbi dati. Consultate anche l'Appendice grammaticale.

1. *andare* Credo che Gianna e Maurizio non ....vadano.... più d'accordo come un tempo.
2. *salire* È necessario che tu ....sala.... un attimo da noi.
3. *volere* Mi pare che lei non ....voglia.... vederlo nemmeno in fotografia!
4. *fare* Non è possibile che voi ....facciate.... tutto da soli.
5. *potere* Mi dispiace che loro non ....possano.... venire con noi.
6. *dire* Non mi sembra che lui ....dica.... sempre la verità.
7. *venire* È facile che io ....venga.... in pizzeria con Carmen.
8. *uscire* Con un mal di denti così forte è improbabile che io ....esca.... .

8 Coniugate al congiuntivo presente i verbi dati alla rinfusa.

dire - scegliere - venire - sapere - salire - fare - dare - stare

1. Credo che Dino ....dia.... una festa, ma non so quando.
2. È incredibile che in questo periodo .... così caldo. faccia
3. È necessario che voi ....diciate.... la verità ai vostri genitori.
4. È naturale che io .... quello che più mi piace! scelga
5. Speriamo che non ....vengano.... anche i miei suoceri!
6. Credo che tu ....stia.... per preparare qualche scherzo!
7. Vuoi che non ....io sappia.... quando è nata mia moglie?
8. Spero che il prezzo della benzina non ....salga.... ancora.

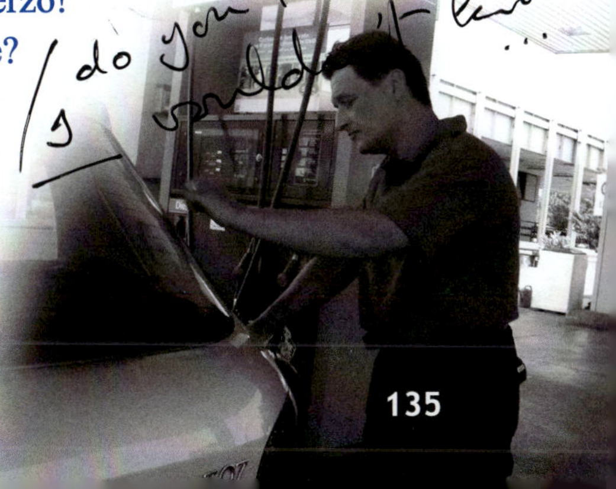

9 Completate secondo il modello.

Vanno a ballare.
Penso che vadano a ballare.

1. *Pare che* Sono tornati ieri dalla costiera amalfitana.
   Pare che ieri siano tornati
2. *Immagino che* Siete venuti per vedere Nicola?
   voi siate
3. *Temo che* Alessandro non può accompagnarvi.
   A. non possa
4. *Non sono certo che* Hai avuto un'idea brillante.
   abbia avuto ...
5. *Ho paura che* Non hai capito bene quello che ho detto.
   non abbia capito bene ...
6. *Voglio che* Sentite quando vi parlo!
   sentiate quando vi parlo
7. *Mi aspetto che* Fate una bella figura.
   facciate una bella figura
8. *Mi fa piacere che* Vi trovate bene in questa città.
   vi troviate

X **10** Completate secondo il modello. Consultate anche l'Appendice grammaticale.

Valeria non è più arrabbiata con me. (*sembra che*)
Sembra che Valeria non sia più arrabbiata con me.

1. Patrizia non si fa vedere ultimamente: le sarà successo qualcosa? (*è strano che*)
   È strano che P. non si faccia vedere ultimamente: le sarà ...
2. Alberto vuole andare a vivere in Francia. (*si dice che*)
   Si dice che Alberto voglia andare a vivere in Francia
3. Faccio una telefonata in ufficio. (*è necessario che*)
   È necessario che faccia una telefonata in ufficio.
4. Marco è pronto per un'altra avventura. (*sembra che*)
   Sembra che Marco sia pronto per un'altra avventura
5. La sua fabbrica sta per chiudere. (*dicono che*)
   Dicono che la sua fabbrica stia per chiudere.
6. Non sa dove abito. (*è possibile che*)
   È possibile che non sappia dove abito
7. Tutti noi diamo una mano a chi ne ha bisogno! (*è bene che*)
   È bene che tutti noi diamo
8. Hanno bisogno di informazioni, sono straniere. (*è naturale che*)
   È naturale che abbiano bisogno di informazioni, sono straniere.

11 **Completate le frasi con il verbo al congiuntivo presente o passato.**

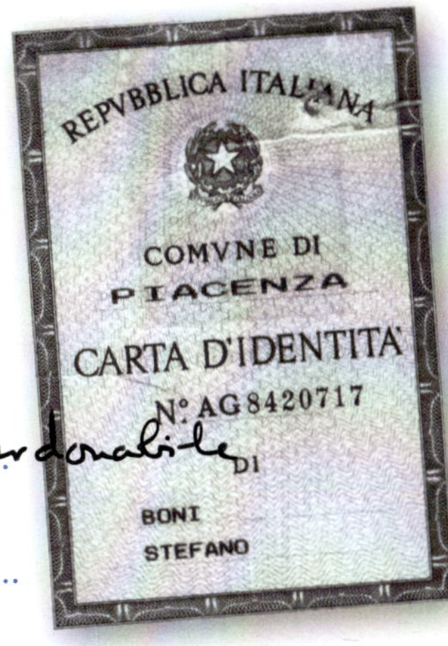

1. Giovanni si è dimenticato dell'appuntamento.
   È facile che giovanni si sia dimenticato ...
2. **Ora devi ritornare a casa e prendere la carta d'identità.**
   Ho paura che tu debba ritornare a casa ...
3. Ha commesso una leggerezza imperdonabile.
   Temo che abbia commesso una leggerezza imperdonabile
4. Restate a cena con noi!
   Desidero che restiate a cena con noi.
5. Venite a vivere vicino a casa nostra.
   Sono felice che veniate a vivere vicino a casa nostra
6. Non ti ha sentito, parli troppo piano.
   È normale che non ti abbia sentito, parli troppo piano.
7. **Il direttore ci darà l'aumento che ci aveva promesso.**
   Mi auguro che il direttore ci dia l'aumento che ci aveva promesso.
8. Secondo me, dovresti chiedere scusa a Chiara per averla offesa davanti a tutti.
   È giusto che tu debba chiedere scusa a Chiara per averla offesa davanti a tutti.

12 **Completate secondo il modello.**

L'avvocato Berti, benché (*essere*) *sia* ricco, continua a lavorare.

1. **Nonostante (*compiere*) compia 78 anni, mio nonno continua ad andare in bicicletta.**
2. **Ti comprerò il motorino, basta che (*promettere*) promessia di mettere sempre il casco!**
3. **Certo che potrete uscire, a condizione che (*aiutare*) aiutiate i vostri compagni a capire e a risolvere l'esercizio di matematica.**
4. **Saremmo veramente contenti nel caso tu (*decidere*) decida di rimanere.**
5. **Vorrei salutare Michele prima che (*partire*) parta per Londra.**
6. **Il mio sogno è aprire una pasticceria affinché tutti (*potere*) possano conoscere le specialità del mio paese.**

prima che io parta

13 **Inserite le congiunzioni giuste o il congiuntivo dei verbi dati.**

non piacere - nel caso in cui - malgrado -
non esserci - farmi - prima che

1. È andato via in macchina .... io abbia insistito tanto per farlo rimanere.
2. Sono sola; telefonerò a Gianni perché .... compagnia.
3. .... la gita non si faccia, vi restituiremo l'anticipo.
4. Verrà anche Angela, purché .... Raffaella.
5. Gli parlerò .... possa saperlo da altri.
6. Pensiamo di andare in pizzeria a meno che a te la pizza ....

14 **Abbinate le frasi con la congiunzione opportuna.**

1. Vi invito	*prima che*	a. paghi io.
2. Viene al cinema con noi	*sebbene*	b. mi dica la verità.
3. Vai a salutare i tuoi amici	*affinché*	c. partano per la Spagna.
4. Parlerò con Sergio	*per*	d. conoscere tua sorella.
5. Ho comprato un nuovo cellulare	*benché*	e. sia molto costoso.
6. Non posso mangiare molto	*purché*	f. abbia molta fame.

15 **Completate le frasi con gli elementi dati a fianco.**

andare - comunque - qualsiasi -
fare - riuscire - chiunque

1. La palestra fa uno sconto a .... porti con sé un amico.
2. Ovunque .... si porta dietro il suo cuscino.
3. È la crociera più straordinaria che .... in vita mia.
4. .... cosa tu dica, io resterò della mia opinione.
5. Gianni è il solo che .... a farmi ridere quando sono giù.
6. Ti sarò sempre vicino .... vadano le cose!

16 **Mettete gli infiniti tra parentesi al modo e al tempo opportuni.**

1. Mi sembra impossibile che tu, in tutti questi anni, non (*capire*) abbia capito .... ancora come la penso.
2. Non sono sicuro, ma credo che Ilaria (*finire*) finisca .... di lavorare alle cinque, e (*tornare*) torni .... a casa verso le sette.
3. Mi sembra strano che tu non (*leggere*) abbia letto .... un libro tanto conosciuto!
4. Vedo che sei abbastanza robusto, suppongo che tua madre (*essere*) sia / sia stata .... un'ottima cuoca!

5. Può darsi che la banca (*darti*) .... il prestito di cui hai bisogno.
6. Mi sono rivolto a voi nella speranza che (*risolvere*) .... il mio problema!
7. Pare che la partita (*finire*) .... da un'ora.
8. Temo che Valentina non (*venire*) .... perché uscirà con i suoi amici.

17 A seconda del significato mettete i verbi tra parentesi al tempo e al modo opportuni.

1. Dimmi tutto, anche se (*capire*) .... quello che è successo.
2. È necessario che tu (*finire*) .... tutti gli esami entro l'anno.
3. Forse è meglio che io (*partire*) .... col primo pullman.
4. Nonostante Luisa (*stare*) .... male, è venuta in ufficio.
5. Sono felice di (*trovarsi*) .... di nuovo in mezzo a voi.
6. Sono sicuro che Piero (*andare*) .... in Scozia.
7. Penso di non (*fare*) .... una buona scelta.
8. Secondo me, noi (*fare*) .... prima per questa strada.

18 Come il precedente.

1. Non è importante che tu (*venire*) ...., anche se (*farmi piacere*) .... incontrarti dopo tanto tempo.
2. Sono certo che Lucia (*sposare*) .... il suo direttore per amore; altri però dicono che (*sposarlo*) .... per interesse.
3. Sono sicuro che lui (*comportarsi*) .... correttamente nei vostri confronti.
4. Sebbene Vincenzo (*partire*) .... con un'ora di anticipo, penso che, con questo traffico, non (*riuscire*) .... ad arrivare puntuale.
5. Probabilmente i ragazzi non (*tornare*) .... ancora dall'ufficio, altrimenti (*telefonarci*) .... già da un pezzo.
6. Poiché era senza soldi non (*uscire*) .... con noi; credo che (*rimanere*) .... a casa a guardare la TV.
7. Forse non (*loro volere*) .... venire alla festa, quindi non ci (*telefonare*) ....
8. - È meglio che voi (*riposarsi*) .... un po' prima di ricominciare a guidare.
   - No, è meglio se (*bere*) .... un caffè all'autogrill e proseguiamo subito dopo.

19 Completate con le preposizioni.

1. Cerca .... finire in tempo.
2. Non lasciare i tuoi libri .... mia scrivania.

3. Queste tazzine .... caffè sono .... una ceramica molto fine.
4. Finisco .... lavorare .... cinque.
5. Vado .... camera mia.
6. Chi ha parcheggiato la macchina .... marciapiede?!

20 Come il precedente.

1. Molte volte, la cosa migliore .... fare è ascoltare .... silenzio.
2. .... balcone .... mia casa .... montagna si gode un magnifico panorama.
3. .... questo momento vorrei essere .... un'isola deserta, lontano .... preoccupazioni.
4. Ho convinto tutta la mia compagnia .... andare .... palestra.
5. Ho letto .... una rivista, ... cui non ricordo il nome, che l'acqua sarà presto un problema molto serio .... tutto il pianeta.
6. Hai telefonato .... quella ditta .... le informazioni che volevamo?

21 Completate le frasi con la parola opportuna (verbo, sostantivo, aggettivo, avverbio) formandola da quella data a fianco.

1. Questa pensione ha un'atmosfera molto .... Mi piace!
2. Il professor Vanni è uno .... di fama internazionale.
3. Prego signora, si accomodi in sala d'............................, La chiamo io!
4. Di amici .... ne ho pochi.
5. Ha detto che mi aiuterà ....
6. Adesso ti devi .... e spiegarmi cos'è successo!

famiglia
studiare
attendere
intimità
sicuro
calmo

23

22 Ascolto

Ascoltate un'intervista a una ragazza, realizzata in una palestra di Milano. Scegliete la risposta corretta.

1. La palestra frequentata dalla ragazza
- a. è piccola
- b. è frequentata da bambini
- c. è molto attrezzata
- d. ha corsi per anziani

2. La ragazza ha scelto questa palestra anche perché
- a. ci vanno i suoi amici
- b. non è lontana
- c. è aperta fino a tardi
- d. conosce bene l'istruttore

3. La ragazza va in palestra
- a. per passare un po' il tempo
- b. perché ama nuotare
- c. perché è un tipo molto sportivo
- d. perché si vuole rilassare

4. La ragazza frequenta la palestra
- a. due o tre volte alla settimana
- b. tre o quattro volte al mese
- c. tre o quattro volte alla settimana
- d. tre o quattro volte al giorno

TEST FINALE

A **Scegliete la risposta corretta.**

1. **I miei? Credo che quest'estate (1)................ in montagna. Vedremo cosa (2)..................!**

(1) **a) vadano**
b) vanno
c) siano andati

(2) **a) decideranno**
b) sono decisi
c) decidano

2. **È un bene per tutti che (1)................ l'acqua nei mesi scorsi. Ora (2)................ affrontare meglio il caldo di questi giorni!**

(1) **a) risparmierà**
b) risparmi
c) abbiamo risparmiato

(2) **a) possiamo**
b) abbiamo potuto
c) potremmo

3. Ho paura che (1)................ poche speranze, ma spero (2)................!

(1) a) ci sono
b) ci siano
c) ci siano state

(2) a) che mi sbaglierò
b) che mi sbaglio
c) di sbagliarmi

4. Nonostante Massimo (1)................ tanto per l'Europa non (2)................ ancora a parlare bene l'inglese.

(1) a) viaggia
b) viaggiava
c) viaggi

(2) a) riesce
b) riesca
c) riusciva

5. Qualunque strada (1)................, io (2)................ sempre al suo fianco!

(1) a) scegli
b) scelga
c) scegliamo

(2) a) sia
b) sono stato
c) sarò

6. Che (1)................ Pavarotti lo posso credere, ma che (2)................ insieme a lui l'anno scorso a New York è difficile crederlo!

(1) a) abbia conosciuto
b) conoscerà
c) abbiamo conosciuto

(2) a) abbia cantato
b) ne abbiamo cantato
c) cantiamo

B **Completate con:** *prima che, prima di, sebbene, purché, senza che, affinché.*

1. Ti comprerò le scarpe che vuoi, ...purché... non costino troppo.
2. Devo fare il pieno di benzina ...prima di... partire.
3. Voglio essere chiaro, ...affinché... nessuno dica poi che non ha capito.
4. Vado in piscina ...sebbene... non mi senta in forma.
5. È venuta al cinema con noi ...senza che... nessuno l'avesse invitata!
6. Telefonerò ai miei genitori ...prima che... partano per le vacanze.

C **Leggete le definizioni e risolvete il cruciverba.**

ORIZZONTALI:
2. Il calcio... in "dimensioni ridotte".
3. Uno sport di tre lettere.
4. Ci andiamo per fare un po' di ginnastica e per mantenerci in forma.
5. Lo sport in cui la *Ferrari* rappresenta l'Italia.
6. Lo si dice di una vita... passata a star seduti.

VERTICALI:
1. Ogni squadra è composta da 5 giocatori in campo.
2. Va in bici.
3. Fa veramente male a tutti: lo...

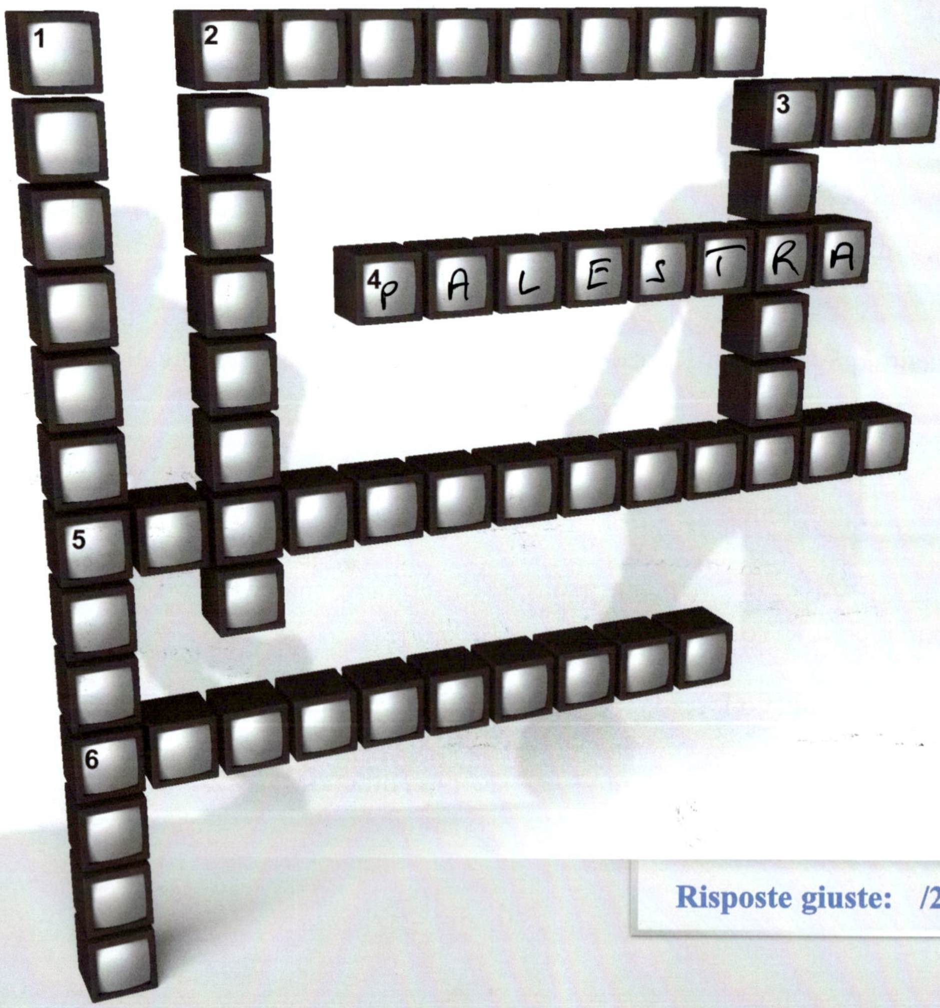

Risposte giuste: /26

2º Test di ricapitolazione (Unità 4 e 5)

A **Completate il brano mettendo i verbi tra parentesi al tempo opportuno.**

Andai a trovare Danilo dopo molti anni dal nostro ultimo incontro. La domestica (*dirmi*) (1)............................. che mi aspettava. Quando (*entrare*) (2)............................., (*trovarlo*) (3).................................... in terrazza che leggeva il giornale. Appena (*vedermi*) (4)................................... non (*sorridere*) (5)............................. e non (*alzarsi*) (6)............................. Mi disse solo che era contento di rivedermi e mi offrì un caffè. Dopo che mi (*guardare*) (7)............................. attentamente, (*io capire*) (8)............................. che mi aveva scambiato per suo cugino Sergio.

___/8

B **Completate coniugando i verbi dati al tempo e al modo opportuni.**

1. Temo che (*stare*) .... per nevicare.
2. Sebbene (*io conoscerti*) .... solo da poco posso dire che sei un bravo ragazzo.
3. Credo che Giovanna (*ritornare*) .... da qualche giorno.
4. Mi auguro di tutto cuore che non (*accadergli*) .... qualcosa di brutto.
5. Mi dispiace che loro (*interpretare*) .... male le nostre parole.
6. È impossibile che Alessandra non (*sapere*) .... niente di questo fatto.

___/6

C **Completate le frasi con la congiunzione più adatta tra quelle proposte in basso e coniugate correttamente il verbo tra parentesi.**

a patto che *prima di* *sebbene* *prima che* *perché* *benché*

1. Non capisco mai bene quello che dice, benché lui (*parlare*) parli lentamente.
2. Devo assolutamente vederti, prima che (*tu partire*) tu parta!
3. Andremo in quel ristorante a patto che (*pagare*) paghiate voi! paghiate
4. L'avvocato Blasi saluta sempre tutti educatamente prima di (*lui uscire*) uscire dall'ufficio.
5. Ripeto anche a te quello che ho detto ad Alfredo perché (*essere*) sia chiaro a tutti voi come dovete comportarvi domani!
6. Sebbene Mauro non (*stare*) sia stato bene tutta la scorsa settimana, oggi parte per la settimana bianca.

___/12

D **Completate i mini dialoghi con le parole date.**

rappresenti *abbia voluto* *l'abbia pagata* *veramente*

1.
- Ti piace la mia macchina? L'ho pagata 10 mila euro di seconda mano.
- Sì, è molto bella! Ma credo che tu .... troppo!

2.
- Bello questo quadro, lo compreresti?
- Sì, è .... bello, ma a dire la verità non capisco cosa ....
- Io penso che il pittore .... rappresentare un tramonto.

___/4

Risposte giuste: /30

1º Test di progresso

A Leggete il testo e indicate le affermazioni corrette.

Ho coltivato a lungo in me l'idea di poter lavorare, un giorno, a sceneggiature per il cinema. [...] Ora ho perso la speranza di lavorare mai a sceneggiature. Lui ha lavorato a sceneggiature, un tempo, quand'era più giovane. Ha lavorato lui pure in una casa editrice. Ha scritto racconti. Ha fatto tutte le cose che ho fatto io, più molte altre. Rifà il verso alla gente, e soprattutto a una vecchia contessa. Forse riusciva a fare anche l'attore.
Una volta, a Londra, ha cantato in un teatro. Era Giobbe. Aveva dovuto noleggiare un frac; ed era là, in frac, davanti a una specie di leggìo; e cantava. Cantava le parole di Giobbe. [...]
È stato un grande successo, e gli hanno detto che era molto bravo. Se io avessi amato la musica, l'avrei amata con passione. Invece non la capisco. [...]
Mi piace cantare. Non so cantare, e sono stonatissima; canto tuttavia, qualche volta pianissimo, quando son sola. Che sono così stonata, lo so perché me l'hanno detto gli altri; dev'essere, la mia voce, come il miagolare d'un gatto. Ma io, da me, non m'accorgo di nulla; e provo, nel cantare, un vivo piacere. [...]
Di non capire la pittura, le arti figurative, non me ne importa; ma soffro di non amare la musica. [...] Se a volte sento una musica che mi piace, non so ricordarla; e allora come potrei amare una cosa, che non so ricordare? [...]
Tutto il giorno si sente musica, in casa nostra. Lui tiene tutto il giorno la radio accesa. O fa andare dei dischi. Io protesto, ogni tanto, chiedo un po' di silenzio per poter lavorare; ma lui dice che una musica tanto bella è certo salubre per ogni lavoro.

adattato da *Lui e io, Le piccole virtù* di Natalia Ginzburg

1. La narratrice, da giovane, non ha lavorato come sceneggiatrice. ☐
2. L'uomo di cui si parla si chiama Giobbe. ☐
3. L'uomo ha fatto anche l'attore. ☐
4. La narratrice ha con sé, in casa, un gatto. ☐
5. Alla narratrice sarebbe piaciuto saper amare la musica. ☐
6. A casa dei protagonisti si ascoltano soltanto dischi. ☐

B Leggete il testo e rispondete alla domanda.

Sono fidanzata da 4 anni con un ragazzo molto simpatico e tenero, che però negli ultimi tempi si sta dimostrando geloso oltre misura. Ha avuto delle vere e proprie crisi che mi hanno sconvolta e terrorizzata; ha cominciato a bere in modo eccessivo e a minacciarmi anche fisicamente. Quando torno dall'università mi fa il terzo grado, e la mia vita è piena di divieti: non posso rimanere a dormire dalle mie amiche, non gli va se mi taglio i capelli. Non so cosa fare, questa situazione mi pesa; se si avvicina qualcuno che io conosco e lui no, temo che reagisca male. Sono attaccata a lui, ma nello stesso tempo comincio ad avere paura. Se si comporta così adesso che siamo fidanzati, come si comporterà quando saremo sposati?

tratto da *Grazia*

Quali problemi si trova ad affrontare l'autrice di questa lettera?
(Da un minimo di 15 ad un massimo di 25 parole)

....

....

....

....

C **Collegate le frasi con le opportune forme di collegamento. Se necessario, eliminate o sostituite alcune parole. Trasformate, dove necessario, i verbi nel modo e nel tempo opportuni.**

1. - mi hanno finalmente portato il computer
   - avevo pagato il computer in contanti
   - hanno tardato parecchio (= tanto)

   ....

   ....

2. - avevo la febbre
   - ho continuato a lavorare
   - dovevo consegnare il lavoro in giornata

   ....

   ....

3. - quando ero all'Università abitavo in una pensione
   - nella pensione erano ospitati tanti stranieri

   ....

   ....

4. - Alberto vuole andare in vacanza
   - Alberto non ha soldi sufficienti per andare in vacanza
   - Alberto decide di lavorare per un mese

   ....

   ....

5. - non siamo sicuri di partire per Parigi
   - ho prenotato una suite costosissima
   - tutte le camere sono prenotate

   ....

   ....

6. - Claudia ha regalato un libro a Eugenio
   - a Eugenio il libro è piaciuto moltissimo
   - ha letto il libro tutto d'un fiato

   ....

   ....

D **Abbinate le informazioni sottoelencate all'articolo corrispondente.**

A

PORTA IL TUO CANE IN VACANZA SENZA PROBLEMI

Anche Fido si sta preparando a partire per le vacanze? Per un cane viaggiare in macchina è causa d'ansia, soprattutto se è emotivo e non è abituato alle quattro ruote.
In macchina non ci deve essere troppo caldo: il cane, infatti, lo soffre molto. Se c'è l'aria condizionata, meglio non tenerla al massimo. Se, invece, non c'è è bene tenere il finestrino abbassato quel tanto che basta per far circolare l'aria. Mai lasciare Fido in auto da solo, tanto meno al sole. La temperatura all'interno dell'auto può salire velocemente oltre i 40 gradi.
Lo dice anche il Codice della Strada. Per non diventare pericoloso in auto, il cucciolo deve stare sul sedile posteriore. In ogni caso, è importante creargli un posto confortevole. Magari sistemando sul sedile alcuni cuscini.
C'è sempre un oggetto a cui il cucciolo è particolarmente affezionato. Può essere un gioco, una copertina, un cuscino. Vale la pena portarlo in macchina: servirà a distrarre il cane e contribuirà a farlo stare più tranquillo.

di G. Mari, adattato da *www.donnamoderna.com*

B

IL CUCCIOLO IMPARA LE BUONE MANIERE

È come per i bambini: anche ai cani le buone maniere vanno insegnate sin da piccoli. Nei primi 60 giorni è la mamma a dare al cucciolo le basi del galateo. Dopo, la palla passa al padrone. "Per i cagnolini sono previste delle lezioni speciali: le cosiddette *Puppy Class* (lezioni per cuccioli)" dice Maria Aniello, educatrice dell'importante Centro cinofilo Alaska Kennel di Perugia. Obiettivo principale dei corsi è far socializzare il cagnolino con altri animali e gli estranei. Mordicchiare le dita della mano è il passatempo preferito di ogni cucciolo. Lo fa perché usando la bocca scopre il mondo che lo circonda. Ma è un'abitudine da togliergli, altrimenti da adulto può diventare pericoloso.
Quando gioca all'aperto diventa proprio come un bambino. Non risponde ai richiami. Li ignora perché sa che il più delle volte correre dal padrone significa porre fine al divertimento e rientrare a casa. Che fare? Perché obbedisca bisogna offrirgli una piacevole alternativa come per esempio una carezza o un gioco.

di A. Piersigilli, adattato da *www.donnamoderna.com*

1. Andare in auto non mi piace molto.	A	B
2. I primi due mesi li passo con la mamma.	A	B
3. Domani vado a lezione.	A	B
4. Io, in macchina, mi siedo sempre dietro.	A	B
5. In vacanza mi porterò la mia palla preferita.	A	B
6. Mi piace tantissimo correre all'aperto.	A	B
7. Questo caldo mi distrugge.	A	B
8. Per me, è importante imparare a stare in compagnia.	A	B

2º Test di progresso

A **Leggete il testo e indicate le informazioni presenti.**

"Quali deliziose giornate non ho passato qui con Voi, cara cugina!"
"Davvero?"
"Perché, perché non potrebbe esser sempre così?"
Egli aveva trovato il motivo e continuò a voce bassa, con accento enfatico...
"Perché queste deliziose giornate non possono essere il preludio di una vita deliziosa a cui tutto c'invita, le nostre tradizioni di famiglia, la nostra nascita, la nostra educazione, la nostra simpatia?"
Marina si morse il labbro inferiore.
"Sì" ripigliò Nepo, [...] "Sì, perché anch'io, che pure ho vissuto nella migliore società di Venezia e di Torino e vi ho stretto cordiali amicizie con una quantità di belle ed eleganti signorine, anch'io sin dal primo vedervi ho provato per Voi una simpatia invincibile..."
"Grazie" sussurrò Marina.
"... una di quelle simpatie che diventano rapidamente passioni in un giovanotto come me, sensibile alla bellezza, sensibile alla grazia, allo spirito, sensibile alle squisitezze più recondite e più delicate della eleganza. Perché Voi, cara cugina, Voi possedete tutte queste cose, Voi siete una statua greca, animata in Italia, educata a Parigi, come mi diceva con meno ragione il ministro dell'Inghilterra parlando della contessa C... Voi potrete un giorno rappresentare con molto splendore la mia casa nella capitale, sia in Torino, sia in Roma; perché io finirò certo per avere alla capitale una posizione degna del mio nome, degna di Venezia. Io Vi parlo, cara cugina, un linguaggio più serio che appassionato, perché qui non comincia ora un romanzo, ma prosegue una storia..."
Nepo si fermò un momento per applaudirsi mentalmente di questa frase...
"è la storia" proseguì "di due illustri famiglie, sostegno l'una della più gloriosa repubblica, ornamento l'altra della più illustre monarchia italiana, sorte, la prima nell'estremo oriente, l'altra nell'estremo occidente d'Italia. [...]"
"Marina" diss'egli "volete esser contessa Salvador? Io aspetto con piena fiducia la Vostra risposta."
Marina guardava tuttavia il lago e taceva. [...] disse sottovoce a Nepo "A domani."

tratto da *Malombra* di Antonio Fogazzaro

1. Nepo ha conosciuto tante belle signorine a Roma. ☐
2. Marina è stata educata in Francia e Inghilterra. ☐
3. Il ministro d'Inghilterra è un vecchio amico della famiglia di Marina. ☐
4. Marina risponde di sì alla dichiarazione dell'uomo. ☐
5. Nepo è convinto che gli verranno affidati importanti incarichi pubblici. ☐
6. A Nepo piacciono molto alcune parole che sceglie nel parlare alla ragazza. ☐
7. Marina e Nepo appartengono a due note famiglie dell'epoca. ☐
8. Nepo appartiene ad una famiglia della Repubblica di Venezia. ☐

B **Leggete il testo e rispondete alla domanda.**

Non mi permetterei mai di cestinare una lettera dei miei lettori! E comunque voglio dare un piccolo consiglio anche a te, cara Francesca. La "dieta" che stai portando avanti è troppo schematica. Sono d'accordo con te che devi perdere alcuni chili, ma 10 sono un po' troppi. Perché non chiedi alla redazione di *Gente* le tabelle dietetiche che sono state pubblicate durante la primavera scorsa e raccolte adesso in un nuovo numero? Si tratta di una dieta equilibrata che puoi provare a seguire anche tu. Ciao.

da *Gente*

Cosa avrà chiesto alla giornalista la lettrice?
(Da un minimo di 15 ad un massimo di 25 parole)

....

....

....

....

C **Completate il testo. Inserite la parola mancante negli spazi numerati. Usate una sola parola.**

a) Ha ottenuto la pensione di guerra a 96 anni. Protagonista ....(1) vicenda un abitante di Raffadali (Agrigento). Reduce dalle operazioni belliche dell'Africa orientale, durante la seconda ....(2) mondiale, aveva chiesto 36 anni fa la pensione di guerra, sostenendo che la colite cronica di cui soffriva era da mettere ....(3) relazione al suo impiego in Africa. La commissione medica superiore lo esclude. La Corte dei conti gli ha dato finalmente ....(4).

b) Una barbona di 65 anni che viveva sui marciapiedi di un quartiere di Parigi da 25 anni nascondeva 40mila euro nelle ....(1) cinque valigie. A scoprirlo è stata la squadra di assistenza ai senzatetto quando sono intervenuti per ....(2) la donna nel centro di accoglienza dei clochard. Gli agenti hanno consegnato il bottino al commissariato di zona. Era ....(3) appropriato il soprannome "La principessa" che gli abitanti del quartiere ....(4) avevano dato ironicamente per il trucco marcato.

adattato da *http://it.notizie.yahoo.com/ansa*

D **Collegate le frasi con le opportune forme di collegamento. Se necessario, eliminate o sostituite alcune parole. Trasformate, dove necessario, i verbi nel modo e nel tempo opportuni.**

1. - Alessandra vive con la nonna
   - la nonna di Alessandra è molto simpatica
   - alla nonna di Alessandra piace molto la compagnia della nipote

   ....

   ....

2. - abbiamo pensato di fare una crociera
   - non la settimana in montagna
   - vogliamo visitare i paesi mediterranei

   ....

   ....

3. - domani mattina vado in banca
   - domani è l'ultimo del mese
   - se in banca trovo una fila lunghissima non mi fermo

   ....

   ....

4. - Giovanni aveva un amico
   - Giovanni si fidava troppo del suo amico
   - alla fine il suo amico rubò a Giovanni il computer portatile

   ....

   ....

5. - oggi è il mio compleanno
   - oggi è il compleanno di Francesca
   - voglio telefonare prima io a Francesca

   ....

   ....

6. - ho comprato una nuova moto
   - ho altre due moto nel garage
   - questa nuova moto è ideale per i viaggi lunghi

   ....

   ....

Unità 1
pagina 12

I pronomi diretti

Mi senti bene?
Cos'hai? Non ***ti*** vedo molto allegro oggi.
Lo sapevi anche tu?
Quando vedo Ilaria ***la*** saluto.
Professore, ***La*** ringrazio di tutto.
Nostra figlia ***ci*** invita spesso a casa sua.
Ragazzi, ormai ***vi*** conosco molto bene.
Questi cd non ***li*** ho ancora ascoltati.
Ma tu, Maria e Gilda, ***le*** vedrai o no?

I pronomi indiretti

Cosa ***mi*** regali per il mio compleanno?
Ti piace il gelato al cioccolato?
Gli dirò quel che è successo.
Le ho raccontato tutta la verità.
Signor Marini, ***Le*** chiedo scusa.
Ci ha mandato una cartolina da Torino.
Vi auguro un buon fine settimana.
Ai miei ***gli*** ho spiegato tutto.
Gli chiederò il perché alle ragazze.

Unità 2
pagina 26

Spesso quando *cui* è preceduto dalla preposizione *a*, questa diventa facoltativa:
La persona (*a*) *cui* sono più legato nella mia famiglia, è mia madre.

Particolarità del pronome *cui*

Il pronome relativo **cui** ha valore di complemento di specificazione (*di chi? di che cosa?*) quando è preceduto da un articolo determinativo, il quale concorda con il sostantivo che segue (**i** cui **fratelli**).

Non ammetteremo candidati, *le cui* domande arriveranno oltre il termine previsto. (*le domande dei quali*)
Italo Svevo, *il cui* vero nome era Ettore Schmitz, è nato a Trieste nel 1861. (*il nome del quale*)
Questo è l'elenco delle università *i cui* diplomi di laurea valgono anche all'estero. (*i diplomi delle quali*)
Ho un appuntamento con l'ing. Taddei, *la cui* offerta mi sembra molto interessante. (*l'offerta del quale*)

Forme particolari nell'uso di *cui* relativo

Tutti si sono affrettati a salutare il presidente *alle cui* preoccupazioni, però, non è stata data nessuna risposta. (*alle preoccupazioni del quale*)
Alberto, *alla cui* festa c'ero anch'io, ha compiuto cinquant'anni. (*alla festa del quale*)
I ragazzi, *del cui* comportamento sono state avvertite le famiglie, rimarranno in classe. (*del comportamento dei quali*)

Unità 3
pagina 41

Farcela

Purtroppo non *ce la faccio* da solo.
Ce la fai a portare tutte queste valigie?
Ha fatto di tutto ma non *ce la fa*.
Vedrai che *ce la facciamo* ad arrivare presto!
Ragazzi, *ce la fate* o vi serve una mano?
Ce la fanno solo gli studenti più bravi in questa scuola!

Andarsene

Ragazzi, io *me ne vado*! Sono stanco.
Te ne vai di già? Ma è ancora presto.
Signora, perché *se ne va*?
Mamma, noi *ce ne andiamo*. A domani!
E così... *ve ne andate* subito?!
I ragazzi *se ne vanno* senza dire niente.

pagina 49

Forme particolari di superlativo

Buono	Sei veramente fortunato: il tuo è un *ottimo* posto!
Cattivo	È una persona in gamba, ma ha un *pessimo* carattere.
Grande	Va' avanti: ti seguo con la *massima* attenzione.
Piccolo	Cerchiamo di organizzare la festa con la *minima* spesa possibile.

Unità 4
pagina 58

Uso del passato remoto

- in azioni lontane nel tempo, azioni storiche, azioni non legate al presente;
- in azioni che il parlante non trova interessanti e nelle quali non è coinvolto emotivamente e, scegliendo il passato remoto al posto del passato prossimo, mostra appunto questo disinteresse, questa "lontananza emotiva" dall'azione stessa. Si tratta quindi di una scelta di stile e soggettiva;
- nella lingua scritta (soprattutto fiabe e racconti letterari) e meno nella lingua parlata (fatta eccezione per il Sud e parte del Centro Italia dove si parla preferendo il passato remoto al passato prossimo).

pagine 60 e 62

Verbi irregolari al passato remoto

avere: *ebbi, avesti, ebbe, avemmo, aveste, ebbero*
essere: *fui, fosti, fu, fummo, foste, furono*
accorgersi: *mi accorsi, ti accorgesti, si accorse, ci accorgemmo, vi accorgeste, si accorsero*
aprire: *aprii (apersi), apristi, aprì (aperse), aprimmo, apriste, aprirono (apersero)*
dare: *diedi (detti), desti, diede (dette), demmo, deste, diedero (dettero)*
dire: *dissi, dicesti, disse, dicemmo, diceste, dissero*
fare: *feci, facesti, fece, facemmo, faceste, fecero*
mettere: *misi, mettesti, mise, mettemmo, metteste, misero*
stare: *stetti, stesti, stette, stemmo, steste, stettero*
vedere: *vidi, vedesti, vide, vedemmo, vedeste, videro*

assumere: *assunsi*
bere: *bevvi*
cadere: *caddi*
chiedere: *chiesi*
chiudere: *chiusi*
cogliere: *colsi*
condurre: *condussi*
conoscere: *conobbi*
convincere: *convinsi*
correre: *corsi*
decidere: *decisi*
difendere: *difesi*
dirigere: *diressi*
discutere: *discussi*
distruggere: *distrussi*
escludere: *esclusi*
esprimere: *espressi*
giungere: *giunsi*
leggere: *lessi*
muovere: *mossi*
nascere: *nacqui*
nascondere: *nascosi*
perdere: *persi*
piacere: *piacqui*
piangere: *piansi*
porre: *posi*
prendere: *presi*
proteggere: *protessi*
rendere: *resi*
ridere: *risi*
rimanere: *rimasi*
risolvere: *risolsi*
rispondere: *risposi*
rompere: *ruppi*
sapere: *seppi*
scegliere: *scelsi*
scendere: *scesi*
scrivere: *scrissi*
spendere: *spesi*
succedere: *succedetti*
tacere: *tacqui*
tenere: *tenni*
togliere: *tolsi*
trarre: *trassi*
venire: *venni*
vincere: *vinsi*
vivere: *vissi*
volere: *volli*

pagina 62

Numeri romani

I = 1 II = 2 III = 3 IV = 4 V = 5 VI = 6 VII = 7 VIII = 8 IX = 9 X = 10
XX = 20 XXX = 30 XL = 40 L = 50 C = 100 D = 500 CM = 900 M = 1.000

Unità 5
pagina 74

Verbi irregolari al congiuntivo

Infinito	Indicativo presente	Congiuntivo presente			
andare	vado	vada	andiamo	andiate	vadano
dire	dico	dica	diciamo	diciate	dicano
fare	faccio	faccia	facciamo	facciate	facciano
salire	salgo	salga	saliamo	saliate	salgano
scegliere	scelgo	scelga	scegliamo	scegliate	scelgano
uscire	esco	esca	usciamo	usciate	escano
venire	vengo	venga	veniamo	veniate	vengano
volere	voglio	voglia	vogliamo	vogliate	vogliano
porre	pongo	ponga	poniamo	poniate	pongano
potere	posso	possa	possiamo	possiate	possano

pagina 76

Uso del congiuntivo (I)

Usiamo il congiuntivo in frasi dipendenti da altre che esprimono generalmente soggettività, volontà, incertezza, stato d'animo ecc., ma solo quando i due verbi hanno soggetti diversi. In particolare quando esprimono:

Opinione soggettiva:	*Credo / Penso / Direi che* tu debba accettare l'offerta.
	Immagino / Suppongo / Ritengo che tutto sia finito bene.
	Mi pare / Mi sembra / Ho l'impressione che lei fumi troppo.
Incertezza:	*Non sono sicuro / certo che* Mario sia leale.
	Dubito che Anna abbia pensato a questa cosa.
	Non so se / Ignoro se si sia già laureato.
Volontà:	*Voglio / Non voglio che* tu faccia tardi stasera.
	Desidero / Preferisco che voi restiate a casa.
Stato d'animo:	*Sono felice / contento che* tutto sia andato bene.
	Mi fa piacere / Mi dispiace che le cose stiano così.
Speranza:	*Spero / Mi auguro che* tutto finisca bene.
Attesa:	*Aspetto che* arrivi mia madre per uscire.
Paura:	*Ho paura / Temo che* lui se ne vada.

Verbi o forme impersonali:

Bisogna / Occorre che voi torniate presto.
Può darsi che Tiziana non possa venire con noi.
Si dice / Dicono che Carlo e Lisa si siano lasciati.
Pare / Sembra che siano ricchi sfondati.

(non) {
È necessario / importante che io parta subito.
È opportuno / giusto che questa storia finisca qui.
È meglio che io inviti tutti quanti?
È normale / naturale / logico che ci sia traffico a quest'ora?
È strano / incredibile che Gianna abbia reagito così male.
È possibile / impossibile che tutti siano andati via.
È probabile / improbabile che lei sappia già tutto.
È facile / difficile che uno dia l'impressione sbagliata.
È un peccato che abbiate perso questo spettacolo.
}

È ora che tu mi dica tutta la verità.
È bene che siate venuti presto.
È preferibile che io non esca con voi: sono di cattivo umore!

pagina 78

Uso del congiuntivo (III)

chiunque	Lui litiga con chiunque tifi per un'altra squadra.
qualsiasi	Chiamami per qualsiasi cosa tu abbia bisogno.
qualunque	Qualunque cosa gli venga in mente, la dice senza pensarci!
(d)ovunque	Dovunque tu vada, io verrò con te!
comunque	Non devi perderti di coraggio, comunque stiano le cose.
il ... più	È la donna più bella che abbia mai conosciuto.
più ... di quanto	Il fumo è più nocivo di quanto tu possa immaginare.
l'unico / il solo che	Giorgio è l'unico / il solo che possa aiutarti in questa situazione.
non c'è nessuno che	Non c'è nessuno che ti voglia tanto bene quanto la tua mamma!
augurio	Che Dio sia con te!
desiderio	Vogliono venire? Che vengano! Li aspettiamo con piacere!
dubbio	Che siano già partiti?
domanda indiretta	Mi chiedo se tu mi voglia veramente bene.
alcune frasi relative	Sara è nervosa: devo trovare una ragazza che abbia più pazienza. Silvia cerca un uomo che sia ricco e stupido! Perché non ci provi tu?!
Che... (inversione)	Che loro siano poveri, lo so bene. ***ma***: So bene che loro sono poveri. Che mi abbia tradito è sicuro. ***ma***: È sicuro che mi ha tradito.

Soluzioni delle attività di autovalutazione

Prima di... cominciare
1. a.-1, b.-3, c.-5, d.-2, e.-8, f.-6, g.-4, h.-7
2. 1. fareste, 2. si sono conosciuti, 3. c'era, 4. dammi, 5. mi sono espresso/a, 6. era partito, 7. rimangono/rimarranno, 8. sarai
3. - 4. - 5. - 8. *Risposta libera*
6. *Risposta suggerita.* **a.**: 1. fantascienza, western; 2. Natale, Ferragosto; 3. camera da letto, cucina, bagno; 4. Primavera, marzo, settembre; **b.** da sinistra a destra: 1, 10, 4, 2, 6, 7, 8, 9, 3, 5
7. 1. al, 2. a, 3. l', 4. gli, 5. gli, 6. gli, 7. A, 8. Lo, 9. vi, 10. a, 11. li, 12. mi

Unità 1
1. 1-b, 2-a, 3-d, 4-c
2. 1-c, 2-d, 3-a, 4-b
3. 1. classico, scientifico, linguistico, artistico; 2. a 6 anni; 3. chi, quale, che/che cosa/cosa, quanto, dove, quando, perché; 4. glieli
4. *orizzontale*: capitolo, mensa, maestra, corso, lingue
verticale: lettere, materia, alunno

Unità 2
1. 1-b, 2-d, 3-a, 4-c
2. 1-a, 2-d, 3-c, 4-b
3. 1. va sano e va lontano; 2. tra gli anni '50 e '60; 3. te ne; 4. che, il quale, con il quale, a cui, il cui ecc.; 5. Gentile sig. Albertini, Spettabile Ditta
4. 1. colloquio di lavoro, 2. disoccupato, 3. licenziare, 4. promuovere, 5. risparmiare, 6. prelevare, 7. assumere, 8. frequentare

Unità 3
1. 1-d, 2-c, 3-e, 4-a, 5-b
2. 1-b, 2-e, 3-d, 4-a, 5-c
3. 1. 3.000.000, 1.500.000; 2. Venezia, Firenze; 3. camera doppia; 4. grandissimo, malissimo; 5. più/meno che, tanto ... quanto
4. 1. **t**uristi, **a**lbergo; 2. **c**redito, **s**conto; 3. **v**olo, **b**iglietti; 4. **a**genzia, **p**renotare; 5. **c**olloquio, **p**osto

Unità 4
1. 1-d, 2-c, 3-b, 4-a, 5-e
2. 1-d, 2-e, 3-a, 4-b, 5-c
3. 1. francesi, spagnoli, austriaci; 2. vent'anni; 3. il fiorentino; 4. fece; 5. facilmente
4. *orizzontale*: re, Signoria, volo, porto, fascismo
verticale: medioevo, Resistenza, agenzia, esercito, bagaglio/bagagli

Unità 5
1. 1-e, 2-a, 3-b, 4-c, 5-d
2. 1-b, 2-*frase in più*, 3-a, 4-e, 5-c, 6-d
3. 1. ciclismo, motociclismo; 2. automobilismo, sci, nuoto, atletica leggera; 3. calcio, pallavolo, pallacanestro; 4. forse; 5. legga, dica
4. 1. gare, 2. a patto che, 3. impossibile, 4. sport, 5. occupazione

Unità 1
pagina 19

*Domande possibili per **A***:
- Sono previsti corsi intensivi / specifici?
- L'alloggio è solo in famiglie?
- Sono previste gite o escursioni nei fine settimana?

Unità 2
pagina 35

Curriculum Vitae
INFORMAZIONI PERSONALI
Nome: Paolo Freddi
Data e luogo di nascita: 5 luglio 1980, Torino
Stato civile: celibe
Indirizzo: Corso dei Mille, Torino
Telefono: 340.112233
E-mail: freddino@tiscali.it
Nazionalità: italiana

ISTRUZIONE E FORMAZIONE
TITOLI DI STUDIO
a.a. 2004-2005: Politecnico di Torino. Laurea in INGEGNERIA ELETTRONICA (votazione: 110/110).
a.a. 2005-2006: Politecnico di Milano. Master in TECNOLOGIA DELL'INFORMAZIONE.

CONOSCENZA DELLE LINGUE
INGLESE: Ottima comprensione e produzione scritta e orale.
FRANCESE: Buona comprensione scritta e orale, buona produzione scritta e orale.

PRATICA DEI SISTEMI INFORMATICI
Buona conoscenza dei sistemi operativi MS-DOS, WINDOWS e Mac Os.
Buona conoscenza dei programmi Office e AppleWorks. Ottima conoscenza di Word, Publisher e Adobe Photoshop.

ESPERIENZE LAVORATIVE
2006-2007: Tirocinio di sei mesi presso il Gruppo *Star Communication* come membro dello staff tecnico degli studi di registrazione audio-visivi.

*Domande per **A** (tracce)*:
- Vorrei sapere qualcosa di più sul trattamento economico.
- Qual è l'orario di lavoro?
- Se tutto va bene, quando avreste bisogno di me?

Unità 3
pagina 50

*Tracce per **A***:
- Vorrei avere delle informazioni su un vaggio in Italia di 4-5 giorni, economico e interessante.
- Mi piacerebbe visitare Roma e le città più importanti d'Italia.
- Gli alberghi di che categoria sono?
- Cosa significa "mezza pensione"?
- Con quale compagnia aerea voleremo?
- Che cosa è compreso nel prezzo e cosa non lo è?

Unità 5
pagina 79

Lista, secondo gli psicologi, delle maggiori cause che provocano stress:

1. Problemi familiari
2. Matrimonio
3. Perdita del lavoro
4. Problemi nel lavoro / a scuola
5. Gravidanza
6. Cambiamento situazione economica
7. Cambiamento abitudini personali
8. Difficoltà economiche
9. Figlio/a che lascia la casa
10. Frequentare una nuova scuola
11. Fine di una relazione sentimentale
12. Cambiamento di casa
13. Esame importante
14. Lite con un amico

Unità 1
pagina 19

Materiale per ***B***:

CORSI ESTIVI			
classico	**intensivo**	**super-intensivo**	**lingua e cultura**
2 ore al giorno per 4 settimane (40 ore) € 300	4 ore al giorno per 4 settimane (80 ore) € 470	6 ore al giorno per 4 settimane (120 ore) € 680	lingua: 4 ore al giorno cultura: 5 ore a settimana per 4 settimane (100 ore) € 750
Corsi supplementari	**settimane**	**ore**	**prezzo**
Cucina italiana	3	12	€ 150
Arte italiana	3	12	€ 170

Periodi dei corsi

- 1 giugno – 1 luglio
- 2 luglio – 2 agosto
- 3 settembre – 3 ottobre

Alloggio	prezzi indicativi (a persona)
In famiglia con colazione	
Stanza singola	€ 400-480
Stanza doppia	€ 300-350
Appartamento con altri studenti (con uso cucina)	
Stanza singola	€ 330-370
Stanza doppia	€ 270-330

Sono inoltre previste due escursioni:
1. Visita di Firenze e dei suoi monumenti più importanti (seconda settimana)
2. Gita nei dintorni di Firenze: S. Gimignano, Siena e Pisa (terza settimana)

Unità 2
pagina 35

*Materiale per **B***:

Curriculum Vitae

INFORMAZIONI PERSONALI
Nome: Paolo Freddi
Data e luogo di nascita: 5 luglio1980, Torino
Stato civile: celibe
Indirizzo: Corso dei Mille, Torino
Telefono: 340.112233
E-mail: freddino@tiscali.it
Nazionalità: italiana

ISTRUZIONE E FORMAZIONE
TITOLI DI STUDIO
a.a. 2004-2005: Politecnico di Torino. Laurea in **INGEGNERIA ELETTRONICA** (votazione: 110/110).
a.a. 2005-2006: Politecnico di Milano. Master in **TECNOLOGIA DELL'INFORMAZIONE.**
CONOSCENZA DELLE LINGUE
INGLESE: Ottima comprensione e produzione scritta e orale.
FRANCESE: Buona comprensione scritta e orale, buona produzione scritta e orale.

PRATICA DEI SISTEMI INFORMATICI
Buona conoscenza dei sistemi operativi MS-DOS, WINDOWS e Mac Os.
Buona conoscenza dei programmi Office e AppleWorks. Ottima conoscenza di Word, Publisher e Adobe Photoshop.

ESPERIENZE LAVORATIVE
2006-2007: Tirocinio di sei mesi presso il Gruppo *Star Communication* come membro dello staff tecnico degli studi di registrazione audio-visivi.

*Domande per **B** (tracce)*:
- Sarebbe disposto a fare viaggi di lavoro all'estero almeno una volta al mese?
- Secondo lei, quali sono le sue qualità più grandi, nel lavoro?
- Che cosa sa della nostra azienda?
- Sarebbe disposto ad un periodo di prova di tre mesi prima di cominciare?

Unità 3
pagina 50

*Materiale per **B***:

Giramondo

AGENZIA DI VIAGGI *GIRAMONDO*
presenta la sua offerta del mese:
LE CITTÀ DEI SOGNI
CINQUE GIORNI A ROMA-FIRENZE-VENEZIA

Durata: 5 giorni - 4 notti
Sistemazione: mezza pensione in alberghi di 2 e 3 stelle.
Volo: Alitalia
Lingue disponibili: inglese, francese, italiano, spagnolo, tedesco, giapponese
Tappe: Roma, Firenze, Venezia
Prezzo: 990 euro a persona

1° giorno: Roma
Arrivo all'aeroporto di Fiumicino e accoglienza. Visita ai Fori Imperiali e al Colosseo. Aperitivo in Piazza Navona. Cena e pernottamento in albergo.

2° giorno: Roma e Firenze
S. Pietro e i musei Vaticani, piazza di Spagna, Trinità dei Monti, Campidoglio. Pomeriggio: partenza per Firenze.

3° giorno: Firenze
Visita guidata del Museo dell'Accademia (*David* di Michelangelo) e passeggiata nel centro storico con guida bilingue.

4° giorno: Firenze
Ponte Vecchio, Galleria degli Uffizi, Giardini di Boboli. Pomeriggio: partenza per Venezia.

5° giorno: Venezia
Visita guidata della Cattedrale di San Marco, Ponte dei Sospiri e Palazzo dei Dogi. Sight-seeing in vaporetto per il Canale Grande.
Alle 15 imbarco per il volo di ritorno.

- *Sono inclusi nel prezzo: biglietti per l'entrata nei musei e la visita a monumenti, spostamenti in pullman da una città all'altra.*

*Tracce per **B***:

- In Italia, con "mezza pensione" si intende un trattamento che comprende pernottamento, prima colazione e pranzo o cena, a scelta.
- Il prezzo non comprende: i pranzi o le cene al di fuori della mezza pensione, le bevande e i cibi consumati durante il resto della giornata e… il volo!
- Non è possibile cancellare il viaggio. In caso di impossibilità l'agenzia non restituirà alcuna parte dell'importo pagato dal cliente.

Episodio unità 1 - *Com'è andato l'esame?*

Per cominciare...

1 Guardate i primi 20 secondi dell'episodio: dove siamo? Cosa succede, secondo voi?

2 Cosa succederà ora? In coppia, provate a fare un'ipotesi su come continuerà l'episodio.

Guardiamo

1 Guardate l'episodio per intero e verificate le ipotesi fatte in precedenza.

2 Inoltre, fate attenzione ai voti che ascolterete! Annotate le parole che seguono e provate a capire cosa significano nel contesto dell'episodio.

bocciato *mattone* *appello* *secchiona* *media*

3 Secondo quanto potete capire dall'episodio visto, qual è il massimo voto che può ottenere ad un esame universitario uno studente in Italia?

Facciamo il punto

In coppia, completate con le parole mancanti.

Episodio unità 2 - *Lorenzo cerca lavoro*

Per cominciare...

1 Guardate i primi 35 secondi dell'episodio senza l'audio. Che cosa succede secondo voi? Potete descrivere il luogo e le persone? Possono esservi utili le parole date di seguito, che abbiamo visto anche a pagina 23 del Libro dello studente.

contanti *assegno* *carta di credito* *sportello bancomat* *sportello*

2 Guardate dal punto in cui vi siete fermati fino a 2'02" con l'audio. Cosa pensate succederà in seguito? Lorenzo troverà il lavoro che cerca? In coppia, formulate due ipotesi, una negativa e l'altra positiva.

Guardiamo

1 Ora guardate interamente l'episodio e verificate le ipotesi fatte in precedenza.

2 Mettete in ordine cronologico le immagini.

Facciamo il punto

1 Fate un breve riassunto dell'episodio, oralmente o per iscritto (max. 60 parole).

2 Cosa significano le espressioni in grigio? Scegliete l'opzione giusta tra quelle date.

Significa:

- a. se
- b. del resto
- c. però

Significa:

- a. Chi è bravo otterrà ciò che merita.
- b. Chi è duro vince ogni ostacolo.
- c. Chi insiste ottiene ciò che vuole.

Episodio unità 3 - *Finalmente a Roma!*

Per cominciare...

Osservate alcune scene tratte dall'episodio e in coppia cercate di metterle in ordine. Potete prevedere cosa succede in questo episodio? In coppia, fate due ipotesi.

a.

b.

c.

d.

Guardiamo

1 Guardate l'episodio e verificate le vostre ipotesi.

2 Di seguito trovate alcuni servizi alberghieri riportati anche a pagina 45 del Libro dello studente. Di quali si parla durante l'episodio?

- ☐ Piccoli animali ammessi
- ☐ Parcheggio
- ☐ Piscina
- ☐ TV satellitare
- ☐ Linea telefonica diretta
- ☐ Palestra
- ☐ Accesso internet
- ☐ Mini bar
- ☐ Aria condizionata

Facciamo il punto

Osservate le immagini e le battute di Lorenzo. In coppia cercate di ricordare le risposte di Gianna.

Episodio unità 4 - *In giro per Roma*

Per cominciare...

1 Quali monumenti di Roma conoscete? A coppie, fate una lista dei posti e dei monumenti famosi di Roma che conoscete direttamente o da quanto avete visto nel Libro dello studente.

2 Guardate senza audio fino a 0'40". Cosa succede, secondo voi? Cosa potete capire dall'atteggiamento e dai gesti dei due protagonisti? Descrivete la situazione e fate ipotesi sul proseguimento dell'episodio.

Guardiamo

1 Guardate l'intero episodio con l'audio e verificate le ipotesi fatte in precedenza.

2 Abbinate le informazioni date sotto alle foto corrispondenti.

1

2

3

4

5

6

a. Il leone di San Marco viene dalle mura di Padova. ☐

b. Fu progettata da Michelangelo alla metà del Cinquecento. ☐

c. La sua costruzione iniziò nel 72 sotto l'imperatore Vespasiano. ☐

d. In epoca romana era uno stadio. ☐

e. Fu un monumento romano, cioè la tomba di Adriano. ☐

f. Si chiama così perché nel '700 c'era l'ambasciata spagnola. ☐

Facciamo il punto

Fate un breve riassunto dell'episodio, orale o scritto (60-70 parole).

Episodio unità 5 - *Facciamo un po' di sport!*

Per cominciare...

1 Guardate i primi 45 secondi dell'episodio senza audio. Cosa succede? Descrivete l'ambiente e i protagonisti. Secondo voi, cosa succederà in seguito?

2 Ora coprite lo schermo con un grande foglio (o dei fogli A4 uniti fra loro) e ascoltate da 0'46" a 1'48": cosa succede, secondo voi? Confermate le vostre ipotesi precedenti?

Guardiamo

Guardate l'intero episodio con audio e video e verificate le ipotesi fatte finora.

Facciamo il punto

Osservate le immagini e le battute e rispondete alle domande.

Lorenzo usa l'espressione in grigio per dire:

a. ☐ è giusto che b. ☐ è strano che
c. ☐ è vero che

Gianna usa la parola in grigio per dire:

a. ☐ assolutamente non b. ☐ sicuramente
c. ☐ forse

Lorenzo usa il verbo in grigio per dire:

a. ☐ poter respirare b. ☐ poter continuare
c. ☐ fare bene

Gioco unità 1 - 5

5

Hai un colloquio di lavoro: in 1 minuto al massimo devi convincere il direttore ad assumerti!

6

Sei il responsabile del personale: fai 5 domande a un candidato.

7

Il calcio con meno giocatori si chiama...

4

Chi trova un amico... Finisci tu il proverbio!

21

Nomina almeno due modi per mantenersi giovani e in buona salute.

22

Fai una frase iniziando con "*(non) credo che*..." e usando almeno due verbi al congiuntivo.

3

Per diventare dottore bisogna studiare...

20

Un abitante di Bologna è un...

29

Vai a pagina 79 del Libro dello studente e racconta in breve la storia illustrata. Hai 1' di tempo! Se no, torni alla casella 21!

2

Un tuo compagno è arrivato al vostro appuntamento in ritardo e ti chiede scusa. Cosa rispondi?

19

Lessi, *risi* e *mossi* sono tre passati remoti. Ma qual è il loro infinito?

28

Parla della città dove vivi dal punto di vista ecologico. È inquinata? C'è molto verde? È pulita o sporca? Hai 30 secondi di tempo.

1

Chi ti ha regalato questo bell'orologio?

PARTENZA

18

Hai 1-2 minuti per raccontare la favola di *Cappuccetto Rosso*.

17

Conosci questo personaggio? Chi è? Perché è importante nella storia d'Italia?

Istruzioni a pagina 169

8

Fai una frase con il pronome relativo *cui*.

9

In quale città si trova la famosa Basilica di San Marco?

10

Come inizieresti un'e-mail formale? E come la chiuderesti?

23

Due sport per cui l'Italia è famosa.

24

Qual è il voto più alto che si può avere ad un esame universitario in Italia?

11

Fai almeno due paragoni tra Milano e Napoli e la tua città.

30

Parla del caffè in Italia e nel tuo paese: le abitudini sono simili? E i tipi di caffè? Hai 30 secondi di tempo.

25

Vuoi vendere il tuo miniappartamento di 50 mq: descrivilo a un amico.

12

Prenota una camera di albergo. Un tuo compagno / l'insegnante farà la parte del receptionist.

27

Un tuo amico è bravo nelle materie scientifiche. Quali facoltà universitarie gli consiglieresti?

26

Fai una frase sulla storia del tuo Paese usando il passato remoto.

13

Comparativo e superlativo di *buono* e *cattivo*.

16

Il passato remoto di *dare*.

15

Sei stato in un albergo, ma non sei soddisfatto. In un minuto, spiega il perché.

14

Il nome di almeno due luoghi o di due monumenti famosi a Roma.

Indice del CD audio 1

CD 1 Durata: 42'11"

Unità Prima di... cominciare
1 Traccia **1**: 1a. (1, 2, 3, 4, 5, 6, 7, 8) [1'51"]

Unità 1
2 Traccia **2**: Per cominciare 2 [1'44"]
3 Traccia **3**: B1 (a, b, c, d) [1'13"]
4 Traccia **4**: C1 [1'06"]
5 Traccia **5**: D1 [0'50"]
6 Traccia **6**: Quaderno degli esercizi [2'10"]

Unità 2
7 Traccia **7**: Per cominciare 3 [1'30"]
8 Traccia **8**: B2 (a, b, c, d) [1'09"]
9 Traccia **9**: E2 [2'29"]
10 Traccia **10**: Quaderno degli esercizi [3'43"]

Unità 3
11 Traccia **11**: Per cominciare 3 [1'45"]
12 Traccia **12**: C2 [0'42"]
13 Traccia **13**: C3 [1'59"]
14 Traccia **14**: Quaderno degli esercizi [3'19"]

Unità 4
15 Traccia **15**: Per cominciare 3 [1'45"]
16 Traccia **16**: B1 (a, b, c, d, e) [1'01"]
17 Traccia **17**: Quaderno degli esercizi [2'38"]

Unità 5
18 Traccia **18**: Per cominciare 1 [1'02"]
19 Traccia **19**: Per cominciare 3 [1'31"]
20 Traccia **20**: B1 (1, 2, 3, 4, 5) [1'22"]
21 Traccia **21**: D2 [2'59"]
22 Traccia **22**: E3 (a, b, c, d) [2'23"]
23 Traccia **23**: Quaderno degli esercizi [1'52"]

Con il simbolo 9 si indica il numero della traccia così come sarà visualizzato dal lettore CD, una volta inserito il disco. Con "Traccia **39**" si indicano i dialoghi e i brani di comprensione orale che nel *Libro dello studente* e nel *Quaderno degli esercizi* sono contrassegnati dal simbolo 39.

Istruzioni del gioco

Materiale necessario: il tabellone con 30 caselle, un dado e un segnaposto (per esempio, una moneta) per ogni giocatore.

1. Con ogni tabellone possono giocare da 1 a 4 studenti, oppure due coppie.
2. Inizia per primo il giocatore che lancia il dado e ottiene il numero più alto.
3. Vince chi dalla *Partenza* arriva per primo alla casella 30.
4. A turno ogni giocatore lancia il dado e avanza di tante caselle quante indicate dal dado. Nella casella di arrivo, legge e svolge il compito riportato.
5. Se il giocatore svolge correttamente il compito si ferma sulla casella o va a quella indicata. Se non riesce a rispondere ritorna alla casella precedente. In ogni caso, il turno passa all'altro giocatore.
6. Per vincere, bisogna raggiungere la casella 30 con un lancio esatto. Se il giocatore la supera, deve tornare indietro di tante caselle quanti sono i punti in più (per esempio, se sono alla casella 28 e il lancio del dado mi dà 6, arrivo alla casella 30 e poi indietro alla 26).

Nuovo Progetto italiano 2a si può integrare con:

ISBN 978-960-7706-96-6

Una grammatica italiana per tutti 2, correda e completa benissimo *Nuovo Progetto italiano 2*, in quanto segue la stessa gradualità grammaticale e lessicale. Il libro è organizzato in una parte teorica, che esamina le strutture della lingua italiana in modo chiaro ma completo, utilizzando un linguaggio semplice e numerosi esempi tratti dalla lingua di ogni giorno, e in una parte pratica, con tanti differenti esercizi con le rispettive chiavi in appendice.

Collana *Primiracconti*, letture graduate per stranieri.
Un giorno diverso (preintermedio, A2-B1), racconta una giornata indimenticabile di un comune impiegato, Pietro, che un bel giorno decide di voler cambiare completamente vita. Dopo alcuni anni di noiosa routine, Pietro decide di licenziarsi, di aprirsi alla vita e di godersi nuovamente la giornata, facendo colazione al bar, camminando per Roma, prendendo l'autobus, affrontando spiacevoli imprevisti, facendo spese. È proprio in un negozio di abbigliamento che conosce Cinzia...
Un giorno diverso, disponibile con o senza CD audio, contiene una sezione con stimolanti attività e le rispettive chiavi in appendice.

ISBN Libro 978-960-6632-19-8
ISBN Libro + CD 978-960-693-000-3

ISBN 978-960-6632-34-1

Undici Racconti, ispirandosi alle situazioni di *Nuovo Progetto italiano 2*, approfondisce gli argomenti trattati nel manuale e ne reimpiega il lessico. Ciascun raccontino presenta un utile mini-glossario a piè di pagina ed è accompagnato da alcune attività con relative chiavi.

Le Attività online, attraverso siti sicuri e controllati periodicamente, propongono motivanti esercitazioni che accompagnano lo studente alla scoperta di un'immagine più viva e dinamica della cultura e della società italiana. Le attività proposte si possono svolgere individualmente, in coppia o in gruppo e stimolano la partecipazione, la collaborazione e la produzione orale.

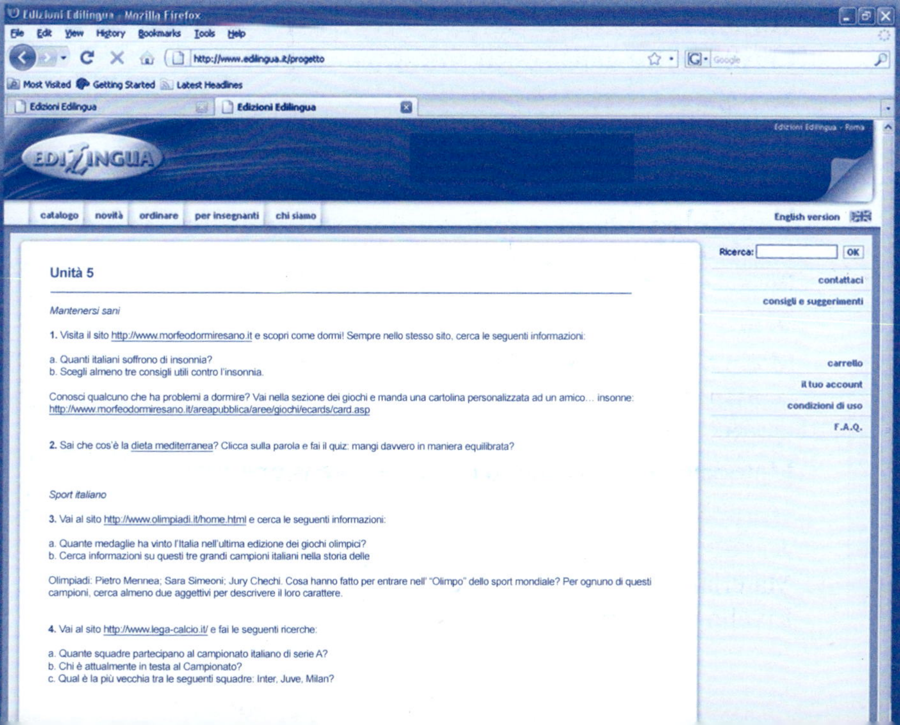

CD-ROM interattivo (versione 2.0)

Questo innovativo supporto multimediale completa e arricchisce *Progetto italiano 2*, costituendo un utilissimo sussidio per gli studenti. Offre tante ore di pratica supplementare a chi vuole studiare in modo attivo e motivante. Un'interfaccia molto chiara e piacevole lo rende veramente facile da usare.
Dopo una breve installazione (vedi sotto), ci si trova davanti alla ***pagina centrale***. Queste le prime informazioni da conoscere:

Buona parte delle unità del Libro dello studente, ma con molte differenze... che puoi scoprire!

Attività del tutto nuove, non solo di grammatica, ma anche di ascolto, lessico, elementi comunicativi, giochi...

I testi di civiltà, con attività e link per collegarsi a Internet!

Tabelle grammaticali per una consultazione rapida.

Possibilità di registrare e ascoltare la propria voce e quindi la propria pronuncia e intonazione.

Tutti i brani del cd audio del libro, da ascoltare liberamente a casa.

Tutti gli elementi comunicativi per una ripetizione libera.

Suggerimenti e risposte a possibili domande e dubbi sull'uso del CD-ROM.

Gli *strumenti* ti permettono di scegliere i colori e modificare il volume dell'audio.

Nella *pagella* puoi trovare e stampare i risultati di tutte le attività che hai fatto.

Questi ***comandi*** si trovano su ogni schermata. Non è difficile capire cosa significano:

torna indietro
back

pagina centrale
home page

con o senza audio
audio on/off

play/pause

vai avanti
forward

valutazione dell'attività e soluzioni
evaluation and solutions

strumenti
tools

aiuto
help

ripeti l'attività
repeat

Buon lavoro e buon divertimento!

Installazione: Inserire il CD-ROM nel lettore; fare doppio clic su My computer, sul lettore CD e infine su *setup.exe*; dare tutte le informazioni ch chiede il programma e cliccare sempre su next/avanti. **Per avviare il programma**: Inserire sempre il CD-ROM nel lettore CD; cliccare sull'icon creata sul desktop, oppure andare a Start, selezionare Programs e cliccare su Progetto italiano 2. **Requisiti minimi**: Processore Pentium III, le tore CD 16x, scheda audio, 128 MB di RAM, grafica 800x600, 300 MB sul disco fisso, altoparlanti o cuffie. Compatibilità con Windows e Macintosh

Installation: Insert the CD-ROM in the drive; double click on My computer, then on the CD drive and finally on *setup.exe*; give all the require information and click on next/avanti. **To start the program**: Always insert the CD-ROM in the drive; click on the desktop icon created during th installation or go to Start, select programs and click on Progetto italiano 2. **Minimal system requirements**: Processor Pentium III, CD-ROM driv 16x, sound card, 128 MB RAM, 800x600 or higher screen resolution, 300 MB free hard disk, speakers or headphones. Compatible with Window and Macintosh.